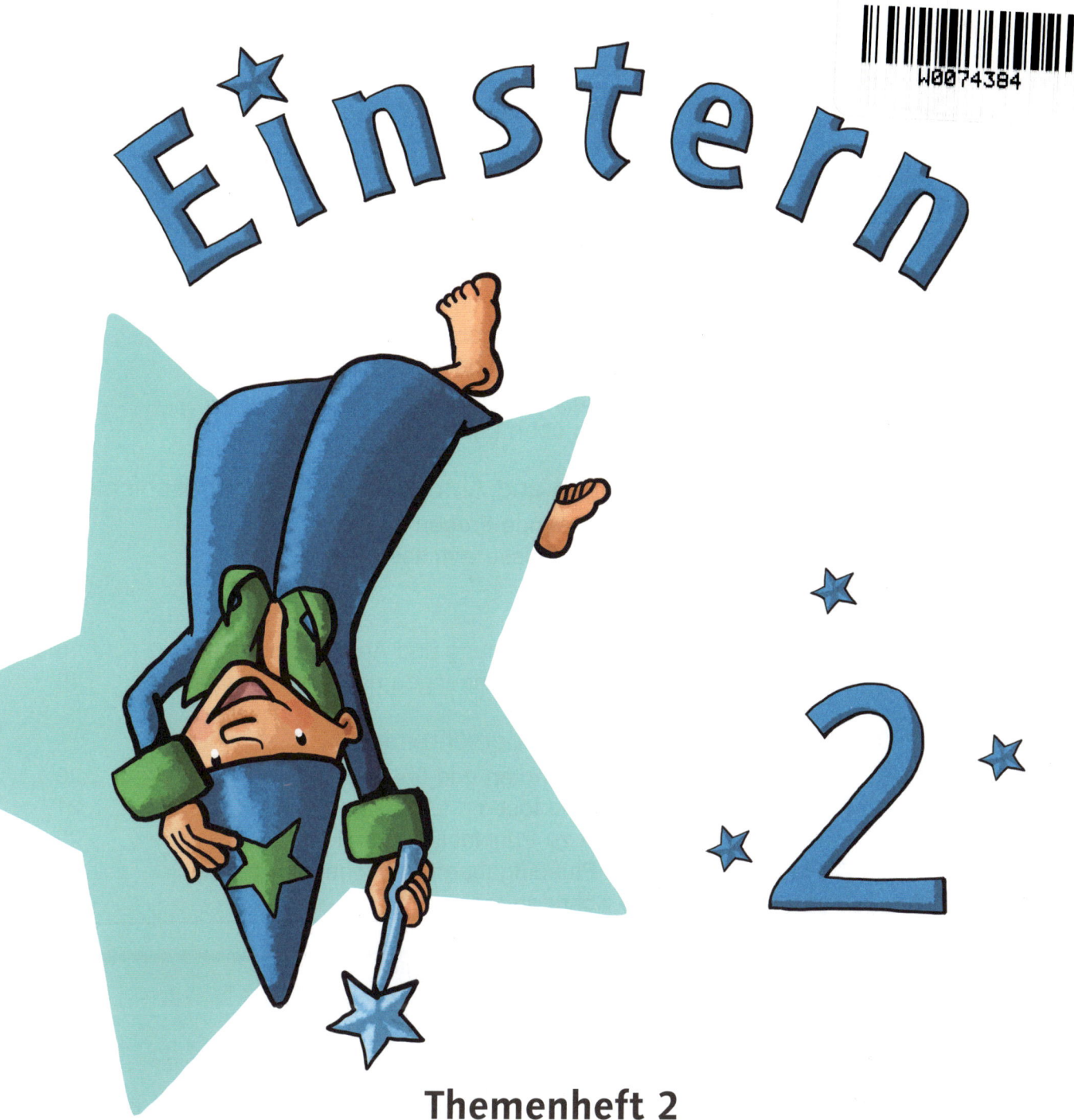

Einstern

2

Themenheft 2

★ Addition und Subtraktion von Einern
★ Sachaufgaben Teil 2 ★ Körper ★ Zeit

Erarbeitet von Roland Bauer und Jutta Maurach

In Zusammenarbeit mit der Redaktion Mathematik Grundschule

Cornelsen

Inhaltsverzeichnis

1 Löse die Aufgaben.

a) 3 + 4 = 7
6 + 2 = 8
1 + 7 = 8
4 + 5 = 9

b) 6 − 2 = 4
8 − 6 = 2
7 − 3 = 4
10 − 4 = 6

Das kannst du schon.

Seite 4 Aufgabe 1

a) 3 + 4 = ... 7

⋮

b) ...

2 Setze die Aufgabenreihen um zwei Aufgaben fort.
Löse die Aufgaben.

a) 3 + 3 = 6
3 + 4 = 7
3 + 5 = 8
3 + 6 = 9
3 + 7 = 10

b) 2 + 5 = 7
3 + 4 = 7
4 + 3 = 7
5 + 2 = 7
6 + 1 = 7

c) 9 − 8 = 1
9 − 7 = 2
9 − 6 = 3
9 − 5 = 4
9 − 4 = 5

d) 5 − 2 = 3
6 − 3 = 3
7 − 4 = 3
8 − 5 = 3
9 − 6 = 3

Seite 4 Aufgabe 2

a) 3 + 3 = ... 6
3 + 4 = ... 7

⋮

b) ...

3 Löse die verwandten Aufgaben.

a) 2 + 7 = 9
12 + 7 = 19

b) 4 + 4 = 8
14 + 4 = 18

c) 8 − 6 = 2
18 − 6 = 12

d) 9 − 2 = 7
19 − 2 = 17

Seite 4 Aufgabe 3

a) 2 + 7 = ... 9
1 2 + 7 = ... 19

b) ...

4 Finde und löse zuerst die kleine Aufgabe im Kopf.
Löse dann die große Aufgabe.

a) 14 + 5 = 19
16 + 2 = 18
11 + 7 = 18
12 + 5 = 17

b) 14 − 3 = 11
19 − 7 = 12
16 − 4 = 12
18 − 4 = 14

Seite 4 Aufgabe 4

a) 1 4 + 5 = ... 19

⋮

b) ...

★ Plus- und Minusaufgaben bis 10 lösen
★ **MK:** Strukturen von Aufgabenreihen erkennen und fortsetzen
★ Analogieaufgaben im Zahlenraum bis 20 mithilfe der kleinen Aufgabe lösen

 **1** Suche dir ein anderes Kind.
Legt die Aufgaben mit Zehnerstreifen und Wendeplättchen.
Zeichnet Rechenbilder.

| 32 + 3 | 24 + 4 | 62 + 5 | 51 + 7 | 36 + 3 | 82 + 6 |

32 + 3 = 35

 2 Schreibe zu jedem Rechenbild die Plusaufgabe.

a)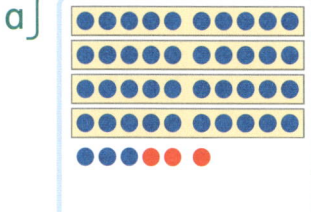

b)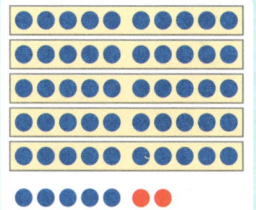

c)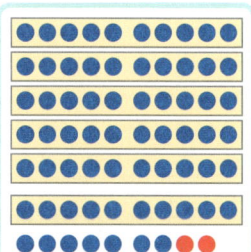

Seite 5 Aufgabe 2
a) 4 3 + 3 = 4 6
b) ...

d)

e)

f)

 3 Zeichne Rechenbilder und löse die Aufgaben.
Beachte dabei die Lücke nach fünf Zehnern oder Einern.

a) 31 + 4 = ◼   b) 43 + 5 = ◼   c) 64 + 3 = ◼

Seite 5 Aufgabe 3
a)
3 1 + 4 = 3 5
b) ...

 ★ Plusaufgaben mit Zehnerstreifen und Plättchen legen, passende Rechenbilder zeichnen
★ Rechenbilder in Plusaufgaben übertragen
★ Rechenbilder zu Plusaufgaben zeichnen

B 5

kleine Aufgabe

$4 + 3 = 7$ $14 + 3 = 17$ $24 + 3 = 27$ $34 + 3 = 37$

$44 + 3 = 47$ $54 + 3 = 57$

Mit **verwandten Aufgaben** rechnen ist ganz einfach.

große Aufgaben

1 Schreibe zu den Rechenbildern die kleine und die große Aufgabe.

a)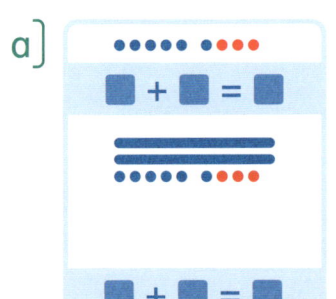

b)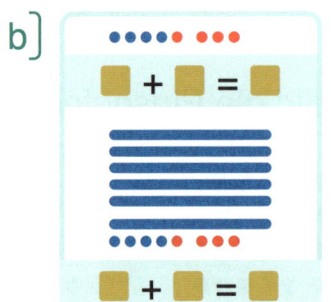

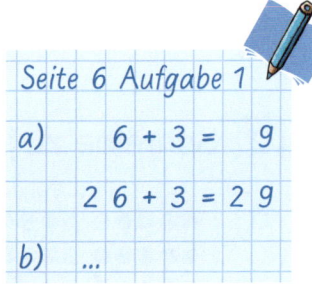

Seite 6 Aufgabe 1
a) $6 + 3 = 9$
     $26 + 3 = 29$
b)   ...

2 Schreibe zu jedem Rechenbild erst die kleine Aufgabe, dann die große Aufgabe.

a)

b)

Seite 6 Aufgabe 2
a) $1 + 7 = 8$
     $31 + 7 = ...$
b)   ...

c)

d)

e)

f)

★ zu vorgegebenen Rechenbildern Analogieaufgaben finden und lösen
★ zu vorgegebenen Rechenbildern erst die kleine, dann die große Aufgabe finden und lösen
★ MK: Strukturen erkennen und nutzen

kleine Aufgabe: 5 + 3 = 8
große Aufgabe: 45 + 3 = 48

Ich rechne zuerst die kleine Aufgabe.

1 Löse verwandte Aufgaben.

a)   5 + 4 = 9
    45 + 4 = 49

b)   2 + 4 = 6
    62 + 4 = 66

c)   1 + 6 = 7
    51 + 6 = 57

d)   6 + 2 = 8
    76 + 2 = 78

e)   2 + 7 = 9
    32 + 7 = 39

f)   7 + 3 = 10
    87 + 3 = 90

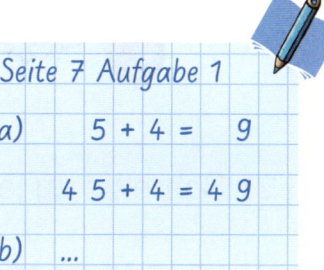

Seite 7 Aufgabe 1

a)   5 + 4 =   9
       4 5 + 4 = 4 9

b)   ...

2 Finde und berechne zuerst die kleine Aufgabe.
Löse dann die Aufgabe.

a) 56 + 2 = 58

b) 73 + 3 = 76

c) 92 + 5 = 97

d) 53 + 3 = 56

e) 41 + 6 = 47

f) 83 + 4 = 87

g) 62 + 6 = 68

h) 75 + 3 = 78

Seite 7 Aufgabe 2

a)   6 + 2 =   8
       5 6 + 2 = 5 8

b)   ...

3 Berechne zuerst die kleine Aufgabe im Kopf.
Löse dann die Aufgabe.

a) 85 + 2 = 87
   64 + 3 = 67
   57 + 2 = 59
   42 + 6 = 48

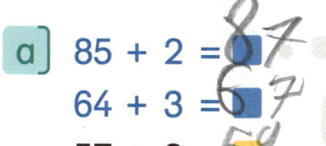

5 + 2 = 7

b) 32 + 7 = 39
   93 + 4 = 97
   82 + 8 = 90
   23 + 7 = 30

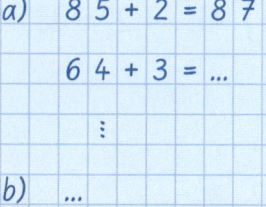

Seite 7 Aufgabe 3

a)   8 5 + 2 = 8 7
     6 4 + 3 = ...
         ⋮
b)   ...

1 Suche dir ein anderes Kind.
   Legt die Aufgaben mit Zehnerstreifen und Wendeplättchen.
   Zeichnet Rechenbilder.

| 28 − 5 | 79 − 6 | 87 − 4 | 49 − 8 | 68 − 2 | 56 − 5 |

28 − 5 = 23

2 Schreibe zu jedem Rechenbild die Minusaufgabe.

a) 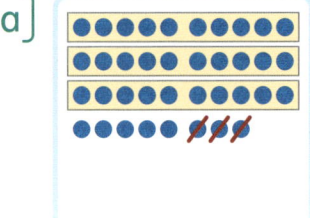   b) 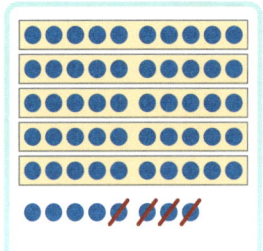   c)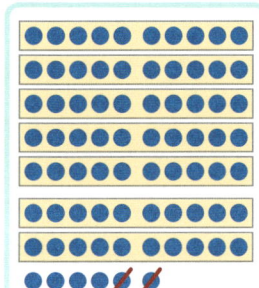

Seite 8 Aufgabe 2
a)   3 8 − 3 = 3 5
b)   ...

d)    e)    f)

3 Zeichne Rechenbilder und löse die Aufgaben.
   Beachte dabei die Lücke nach fünf Zehnern oder Einern.

a) 45 − 2 = ■   b) 37 − 5 = ■   c) 64 − 3 = ■

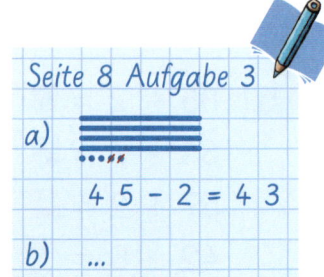

Seite 8 Aufgabe 3
a)
     4 5 − 2 = 4 3
b)   ...

B

★ Minusaufgaben mit Zehnerstreifen und Plättchen legen, passende Rechenbilder zeichnen
★ Rechenbilder in Minusaufgaben übertragen
★ Rechenbilder zu Minusaufgaben zeichnen

1 Schreibe zu den Rechenbildern
die kleine und die große Aufgabe.

a)
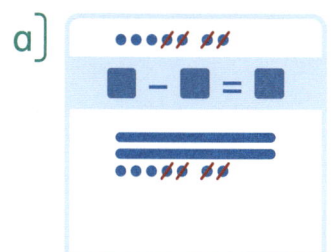

b)
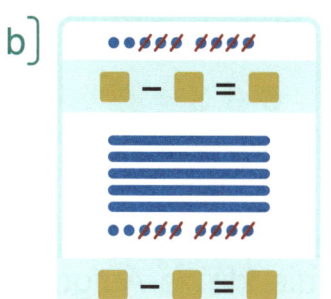

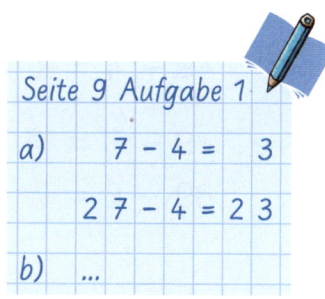

Seite 9 Aufgabe 1

a)   7 – 4 =   3

   2 7 – 4 = 2 3

b)   ...

2 Schreibe zu jedem Rechenbild erst
die kleine Aufgabe, dann die große Aufgabe.

a)

b)

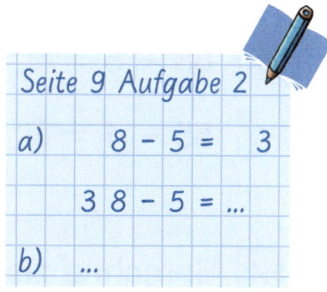

Seite 9 Aufgabe 2

a)   8 – 5 =   3

   3 8 – 5 = ...

b)   ...

c)
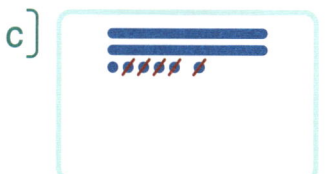

d)

e)

f)

★ zu vorgegebenen Rechenbildern Analogieaufgaben finden und lösen
★ zu vorgegebenen Rechenbildern erst die kleine, dann die große Aufgabe finden und lösen
★ **MK:** Strukturen erkennen und nutzen

kleine Aufgabe: $6 - 2 = 4$
große Aufgabe: $56 - 2 = 54$

Ich rechne zuerst die **kleine Aufgabe.**

1 Löse verwandte Aufgaben.

a) $6 - 4 = 2$
   $36 - 4 = 32$

b) $8 - 5 = 3$
   $78 - 5 = 73$

c) $9 - 4 = 5$
   $49 - 4 = 45$

d) $9 - 6 = 3$
   $69 - 6 = 63$

e) $9 - 8 = 1$
   $89 - 8 = 81$

f) $6 - 3 = 3$
   $66 - 3 = 63$

Seite 10 Aufgabe 1
a) $6 - 4 = \quad 2$
     $3\,6 - 4 = 3\,2$
b)   ...

2 Finde und berechne zuerst die kleine Aufgabe.
Löse dann die Aufgabe.

a) $87 - 3 = 84$

b) $54 - 2 = 52$

c) $45 - 4 = 41$

d) $39 - 7 = 32$

e) $88 - 5 = 83$

f) $67 - 6 = 61$

g) $55 - 4 = 51$

h) $78 - 6 = 72$

Seite 10 Aufgabe 2
a) $7 - 3 = \quad 4$
     $8\,7 - 3 = 8\,4$
b)   ...

3 Berechne zuerst die kleine Aufgabe im Kopf.
Löse dann die Aufgabe.

a) $86 - 4 = 82$
   $69 - 1 = 68$
   $57 - 5 = 52$
   $48 - 3 = 45$

$6 - 4 = 2$

b) $43 - 2 = 41$
   $89 - 7 = 82$
   $58 - 8 = 50$
   $74 - 3 = 71$

Seite 10 Aufgabe 3
a) $8\,6 - 4 = 8\,2$
     $6\,9 - 1 = ...$
        ⋮
b)   ...

★ Analogieaufgaben lösen
★ die kleine Aufgabe finden und als Rechenhilfe nutzen

$$32 \xrightleftharpoons[-4]{+4} 36$$

$$32 + 4 = 36$$

$$36 - 4 = 32$$

32 + 4 = 36 und
36 – 4 = 32 sind
Umkehraufgaben.

---

1 Lies Aufgabe und Umkehraufgabe ab und löse sie.

a) $33 \xrightleftharpoons[-6]{+6} \blacksquare$

b) $82 \xrightleftharpoons[-4]{+4} \square$

c) $61 \xrightleftharpoons[-9]{+9} \square$

d) $49 \xrightleftharpoons[+7]{-7} \square$

e) $78 \xrightleftharpoons[+3]{-3} \square$

f) $57 \xrightleftharpoons[+5]{-5} \square$

Seite 11 Aufgabe 1

a)   3 3 + 6 = 3 9

      3 9 – 6 = …

b)   …

2 Löse die Aufgaben.
Kontrolliere die Ergebnisse mit der Umkehraufgabe.

a) 85 – 2 = $\blacksquare$
    97 – 3 = $\square$
    76 – 2 = $\blacksquare$

b) 53 + 4 = $\blacksquare$
    35 + 3 = $\square$
    94 + 4 = $\square$

Seite 11 Aufgabe 2

a)   8 5 – 2 = 8 3,

      denn   8 3 + 2 = 8 5

      ⋮

b)   5 3 + 4 = 5 7,

      denn   5 7 – 4 = 5 3

      ⋮

3 Kontrolliere die Aufgaben.
Rechne dazu die Umkehraufgaben. Schreibe die
vier falschen Aufgaben mit richtigem Ergebnis auf.

a) 89 – 6 = 83
    76 – 5 = 81
    98 – 4 = 92

b) 32 + 3 = 35
    35 + 5 = 94
    86 + 3 = 90

Seite 11 Aufgabe 3

a)   7 6 – 5 = 7 1

      ⋮

b)   …

★ Umkehraufgaben ablesen und notieren ★ Umkehraufgaben bilden und als Lösungskontrolle verwenden ★ Aufgaben mithilfe der Umkehraufgaben kontrollieren und Fehler
finden ★ SF: den Begriff „Umkehraufgabe" verwenden

D 20

11

1 Löse verwandte Aufgaben.

a)
$4 + 2 = $ ■
$14 + 2 = $ ■
$34 + 2 = $ ■

b)
$1 + 7 = $ ■
$21 + 7 = $ ■
$51 + 7 = $ ■

c)
$9 - 5 = $ ■
$19 - 5 = $ ■
$49 - 5 = $ ■

d)
$5 - 2 = $ ■
$25 - 2 = $ ■
$75 - 2 = $ ■

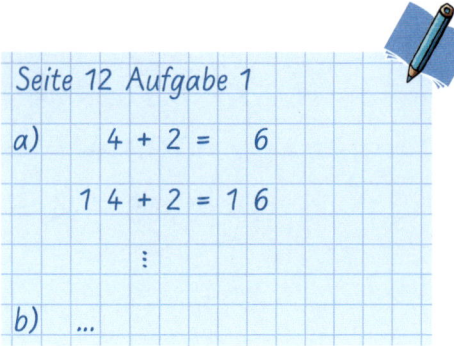

Seite 12 Aufgabe 1

a) $4 + 2 = 6$
$14 + 2 = 16$
⋮

b) ...

2 Ordne jeder Aufgabe die Umkehraufgabe zu.
Löse die Aufgaben.

A $37 + 2 = $ ■

B $69 - 4 = $ ■

C $91 + 8 = $ ■

D $58 - 3 = $ ■

E $42 + 5 = $ ■

F $76 - 3 = $ ■

G $55 + 3 = $ ■

H $39 - 2 = $ ■

I $73 + 3 = $ ■

J $99 - 8 = $ ■

K $65 + 4 = $ ■

L $47 - 5 = $ ■

Seite 12 Aufgabe 2

A $37 + 2 = 39$

H $39 - 2 = 37$

C ...

3 Löse die Aufgaben. Ordne sie passend zu.

54   55   58

$60 - 2$ $52 + 6$ $51 + 3$ $57 - 2$

$50 + 4$ $51 + 4$ $59 - 5$ $51 + 7$

$59 - 1$ $59 - 4$ $52 + 3$ $58 - 4$

Seite 12 Aufgabe 3

54   55   ...

$51 + 3$ ⋮

⋮

★ **MK:** Analogieaufgaben lösen
★ Umkehraufgaben zuordnen und lösen
★ Plus- und Minusaufgaben lösen und richtig zuordnen

1 Bilde alle möglichen Aufgaben und löse sie.

a) 34 45 72   +   4 2

b) 95 89 57   −   3 5

Seite 13 Aufgabe 1
a)   3 4 + 4 = 3 8   b)   ...
⋮

2 Setze die Aufgabenreihen um zwei Aufgaben fort.
Löse die Aufgaben.

a) 71 + 8 = ■
    71 + 7 = ■
    71 + 6 = ■
    ■ + ■ = ■
    ■ + ■ = ■

b) 67 − 6 = ■
    67 − 5 = ■
    67 − 4 = ■
    ■ − ■ = ■
    ■ − ■ = ■

Seite 13 Aufgabe 2
a)   7 1 + 8 = ...   b)   ...
*   7 1 + 7 = ...*
⋮

c) 41 + 4 = ■
    42 + 4 = ■
    43 + 4 = ■
    ■ + ■ = ■
    ■ + ■ = ■

d) 84 − 3 = ■
    85 − 3 = ■
    86 − 3 = ■
    ■ − ■ = ■
    ■ − ■ = ■

e) 52 + 7 = ■
    53 + 6 = ■
    54 + 5 = ■
    ■ + ■ = ■
    ■ + ■ = ■

f) 35 − 2 = ■
    36 − 3 = ■
    37 − 4 = ■
    ■ − ■ = ■
    ■ − ■ = ■

3 Betrachte gemeinsam mit einem anderen Kind,
wie sich in Aufgabe **2** in den einzelnen Reihen
die Ergebnisse verändern. Überlegt, warum das so ist.

4 Schreibe die ersten drei Aufgaben
einer Aufgabenreihe auf.
Bitte ein anderes Kind diese fortzusetzen.

Seite 13 Aufgabe 4
...

★ alle möglichen Aufgaben zusammenstellen und lösen ★ MK: die Struktur von Aufgabenreihen erkennen und diese fortsetzen ★ MK: die Struktur von Aufgabenreihen beschreiben
★ MK: eigene Aufgabenreihen bilden

> Gestern habe ich mit Paul gespielt.
> Wir haben beide unsere Ritterfiguren mitgebracht.
> Ich habe 14 Ritter und Paul hat 10 Ritter.

> Sofie ist gestern 5 Runden auf dem Sport-
> platz gelaufen. Ich bin mit ihr zusammen
> gelaufen und dann noch 2 Runden alleine.

> Ich war beim Fußball-Training.
> Wir haben in 4 Gruppen Übungen gemacht.
> In jeder Gruppe waren 2 Spieler und 1 Torwart.

1️⃣ Ordne die Fragen den Rechengeschichten
von Tim, Meral und Janek zu.

a) Wie viele Runden ist Meral gelaufen?

b) Wie viele Ritter hat Paul?

c) Wie viele Kinder waren beim Fußball-Training?

d) Wie viele Runden ist Sofie weniger gelaufen als Meral?

e) Wie viele Ritter haben Tim und Paul zusammen?

f) Wie viele Kinder waren in einer Gruppe?

g) Wie viele Ritter hat Tim mehr als Paul?

h) Wie viele Torwarte waren es?

Seite 14 Aufgabe 1

a) Meral

b) ...

2️⃣ Schreibe zu jeder Rechengeschichte
eine eigene Frage.

Seite 14 Aufgabe 2

Tim: ...

Meral: ...

Janek: ...

★ Rechengeschichten vorgegebene Fragen zuordnen
★ zu Rechengeschichten selbst Fragen formulieren

A Max hat 12 Monsterkarten.
Tobi hat nur 6 Monsterkarten.

B Lena hat 20 Pferdefiguren.
Sie hat 10 mehr als Maja.

C Paul hat 6 Tiersticker mehr als Sofie.
Sofie hat 12 Tiersticker.

1 Ordne die Fragen den Rechengeschichten zu.
Schreibe die Ergebniszahlen auf.

a] Wie viele Monsterkarten hat Max?

b] Wie viele Pferdefiguren hat Lena?

c] Wie viele Tiersticker hat Sofie?

d] Wie viele Monsterkarten hat Tobi?

e] Wie viele Tiersticker hat Paul mehr als Sofie?

f] Wie viele Tiersticker hat Paul?

g] Wie viele Pferdefiguren hat Maja?

h] Wie viele Pferdefiguren haben
Maja und Lena zusammen?

i] Wie viele Tiersticker hat Sofie weniger als Paul?

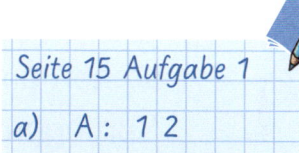

Seite 15 Aufgabe 1
a) A : 1 2
b) ...

2 Ordne die Fragen den Rechengeschichten zu.
Schreibe die Ergebniszahlen auf.

a Wie viele Monsterkarten muss Max Tobi schenken,
damit sie gleich viele haben?

b Wie viele Tiersticker muss Paul Sofie schenken,
damit sie gleich viele haben?

c Wie viele Pferdefiguren muss Lena Maja schenken,
damit sie gleich viele haben?

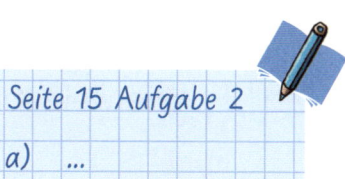

Seite 15 Aufgabe 2
a) ...

★ Rechengeschichten vorgegebene Fragen zuordnen
★ zu vorgegebenen Fragen Ergebnisse aus den Rechengeschichten ablesen bzw. ermitteln

ÜH 16   15

1 Ordne die Fragen (F) und Antworten (A) passend zu.

F1: Wie viele Kinder stehen am Sprungbrett?

F2: Wie spät ist es?

F3: Wie viele Kinder sitzen auf der Bank?

F4: Wie viele Vogelbilder sind am Fenster?

A1: Auf der Bank sitzen 7 Kinder.

A2: Am Fenster sind 5 Vogelbilder.

A3: Am Sprungbrett stehen 3 Kinder.

A4: Es ist 10 Uhr.

Seite 16 Aufgabe 1
F 1 – A 3
F 2 – ...
⋮

2 Schreibe Antworten (A) zu den Fragen (F).

a) F: Wie viele Handtücher liegen auf der Bank?

b) F: Wie viele Kinder sind im Schwimmbecken?

Seite 16 Aufgabe 2
a) A : Auf der Bank ...
b) A : ...

3 Schreibe Fragen (F) zu den Antworten (A).

a) A: 3 Kinder haben einen Schwimmring.

b) A: 3 Kinder tragen eine Bademütze.

Seite 16 Aufgabe 3
a) F : Wie viele Kinder ...
b) F : ...

★ Fragen und Antworten zuordnen
★ SF: zu vorgegebenen Fragen Antworten formulieren
★ SF: zu vorgegebenen Antworten Fragen formulieren

1 Wähle die zur Frage (F) passende Antwort (A) aus.

a) An der Bushaltestelle stehen 28 Kinder.
7 davon steigen in den ersten Bus ein.

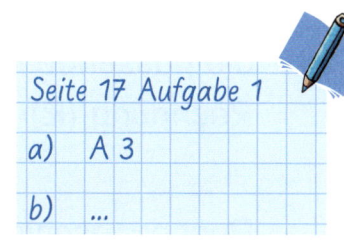

Seite 17 Aufgabe 1
a) A 3
b) ...

F: Wie viele Kinder stehen dann noch da?

R: 28 − 7 = 21

A1: An der Bushaltestelle steigen 7 Kinder ein.

A2: Im Bus sitzen jetzt 23 Kinder.

A3: Es stehen noch 21 Kinder
an der Bushaltestelle.

b) Lea und Anne sammeln Schneckenhäuser.
Lea hat 23 Schneckenhäuser,
Anne hat 5 mehr als Lea.

F: Wie viele Schneckenhäuser hat Anne?

R: 23 + 5 = 28

A1: Zusammen haben sie 28 Schneckenhäuser.

A2: Anne hat 28 Schneckenhäuser.

A3: Lea hat 23 Schneckenhäuser.

2 Schreibe eine passende Antwort (A) zur Frage (F).

a) Im Bus sitzen 28 Kinder.
6 davon steigen an der Haltestelle aus.

Seite 17 Aufgabe 2
a) A : Im Bus ...
b) A : ...

F: Wie viele Kinder sitzen dann noch im Bus?

R: 28 − 6 = 22

b) Max und Tim sammeln Sticker.
Max hat 32 Sticker, Tim hat 6 Sticker mehr als Max.

F: Wie viele Sticker hat Tim?

R: 32 + 6 = 38

★ SF: zu vorgegebenen Fragen und Rechnungen die passende Antwort
auswählen bzw. formulieren

1 Ordne jeder Rechengeschichte (G)
die passende Frage (F),
Rechnung (R) und Antwort (A) zu.

Seite 18 Aufgabe 1

G 1 – F 3 – R 2 – A 4

G 2 – ...

Rechengeschichte (G):

G1: Beim Dosenwerfen
stehen 15 Dosen
übereinander.
Tim hat
4 getroffen.

G2: Beim Sackhüpfen
warten 7 Kinder,
bis sie an der Reihe
sind. Nun kommen
noch 5 Kinder dazu.

G3: Von 58 Losen
wurden erst
7 Lose verkauft.

G4: Am Ende des
Spieletags sollen
39 Luftballons
losfliegen. 9 sind
schon mit Gas gefüllt.

Fragen (F):

F1: Wie viele Luftballons müssen
noch mit Gas gefüllt werden?

F2: Wie viele Kinder stehen nun
beim Sackhüpfen an?

F3: Wie viele Dosen stehen noch?

F4: Wie viele Lose sind noch übrig?

Rechnungen (R):

R1: $58 - 7 = 51$

R2: $15 - 4 = 11$

R3: $39 - 9 = 30$

R4: $7 + 5 = 12$

Antworten (A):

A1: Nun stehen 12 Kinder
beim Sackhüpfen an.

A2: Es müssen noch 30 Luftballons
mit Gas gefüllt werden.

A3: 51 Lose sind noch übrig.

A4: 11 Dosen stehen noch.

★ Rechengeschichten passende Fragen, Rechnungen und Antworten zuordnen

1 Finde zu jeder Rechengeschichte (G) eine Frage (F),
die Rechnung (R) und Antwort (A).

a G: Tim ist 8 Jahre alt.
Seine Mutter ist 39 Jahre alt.

b G: Tom hat 24 Fußballbilder.
Paul schenkt ihm noch 5 Fußballbilder.

c G: Lena hat eine Perlenkette mit 68 Perlen.
Leider ist die Kette gerissen.
6 Perlen sind verloren gegangen.

Seite 19 Aufgabe 1

a)   F: Wie …

       R: …

       A: …

b)   …

2 Schreibe zu jeder Rechnung (R) eine Rechengeschichte (G)
und eine Frage (F).

a R: 25 + 3 = 28

b R: 58 − 6 = 52

Seite 19 Aufgabe 2

a)   G: …

      F: …

b)   …

3 Schreibe zu jeder Antwort (A) eine Rechengeschichte (G)
und eine Frage (F).

a A: Jetzt hat sie 32 Tierpostkarten.

b A: 5 Kinder sind ausgestiegen.

c A: Ich muss noch 6 Seiten lesen.

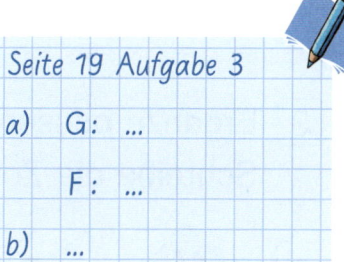

Seite 19 Aufgabe 3

a)   G: …

      F: …

b)   …

4 Schreibe zu jeder Frage (F) eine Rechengeschichte (G).

a F: Wie viele hat Lisa mehr als Anne?

b F: Wie viele braucht Tim noch?

c F: Wie alt ist der Vater?

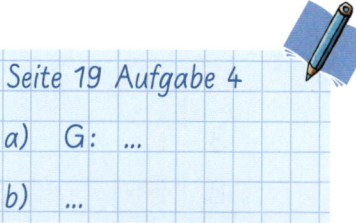

Seite 19 Aufgabe 4

a)   G: …

b)   …

★ **SF:** zu einer Rechengeschichte Frage, Rechnung und Antwort finden ★ **SF:** zu einer
vorgegebenen Rechnung bzw. Antwort eine passende Rechengeschichte mit Frage schreiben
★ **SF:** zu einer vorgegebenen Frage eine passende Rechengeschichte schreiben

1 Übe mit einem anderen Kind zusammen die Plusaufgaben bis 20.

2 Rechne.

Schreibe die Ergebnisse auf.

a) 8 + 4 = ◼
7 + 6 = ◻
5 + 7 = ◻
8 + 7 = ◻

b) 9 + 4 = ◻
10 + 7 = ◻
4 + 9 = ◻
7 + 7 = ◻

c) 6 + 6 = ◻
9 + 8 = ◻
4 + 7 = ◻
2 + 9 = ◻

d) 7 + 8 = ◻
8 + 4 = ◻
9 + 6 = ◻
10 + 9 = ◻

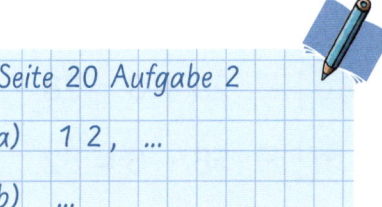

Seite 20 Aufgabe 2
a)   1 2 , ...
b)   ...

3 Ergänze passend.

Schreibe die Zahlenpaare auf.

a) **11**

6	◼
5	◻
◻	9
◻	7
3	◻
8	◻

b) **12**

3	◻
◻	8
5	◻
6	◻
◻	5
◻	4

c) **15**

9	◻
◻	7
10	◻
◻	8
5	◻
6	◻

Seite 20 Aufgabe 3
a)   1 1   b) ...
        6 | 5
        5 | ...
        ⋮ | ⋮

★ Plusaufgaben mit Zehnerüberschreitung im Zahlenraum bis 20 lösen
★ Ergänzungsaufgaben in Zahlenhäusern lösen

1 Suche dir ein anderes Kind.
Legt die Aufgaben mit Zehnerstreifen und Wendeplättchen.
Zeichnet Rechenbilder.

$48 + 6$ $\quad$ $67 + 5$ $\quad$ $29 + 4$ $\quad$ $56 + 7$ $\quad$ $38 + 3$ $\quad$ $42 + 9$

$48 + 6 = 54$

2 Schreibe zu jedem Rechenbild die Plusaufgabe.

a)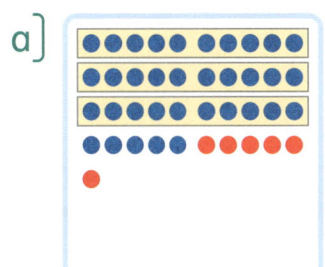

b)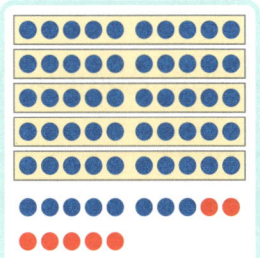

c)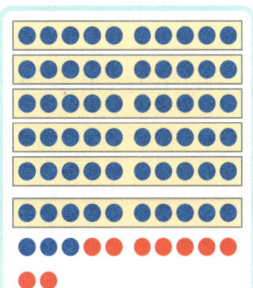

Seite 21 Aufgabe 2
a) $3\ 5 + 6 = 4\ 1$
b) ...

d)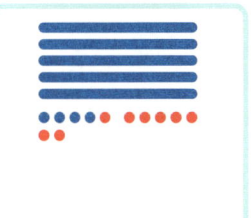

e)

f)

3 Zeichne Rechenbilder und löse die Plusaufgaben.

a) $27 + 7 = \blacksquare$ $\qquad$ b) $39 + 5 = \square$ $\qquad$ c) $55 + 8 = \square$

Seite 21 Aufgabe 3
a)
$2\ 7 + 7 = 3\ 4$
b) ...

★ Plusaufgaben mit Zehnerstreifen und Plättchen legen, passende Rechenbilder zeichnen
★ Rechenbilder in Plusaufgaben übertragen
★ Rechenbilder zu Plusaufgaben zeichnen

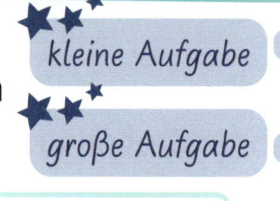

kleine Aufgabe

große Aufgabe

1 Schreibe zu den Punktebildern verwandte Aufgabenpaare.

a)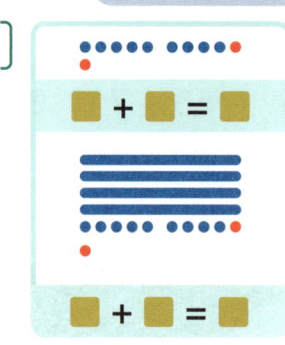

□ + □ = □

□ + □ = □

b) ●●●●● ●●●●● ●
□ + □ = □

□ + □ = □

Seite 22 Aufgabe 1

a)   7 + 4 = 1 1
      ⋮
b)   ...

c) ●●●●● ●●●●
□ + □ = □

□ + □ = □

d) ●●●●● ●●●●
□ + □ = □

□ + □ = □

2 Schreibe zu den Punktebildern verwandte Aufgaben.

a)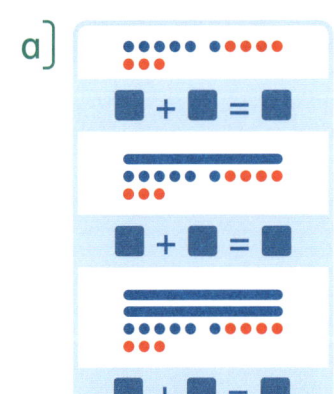

□ + □ = □

□ + □ = □

□ + □ = □

b)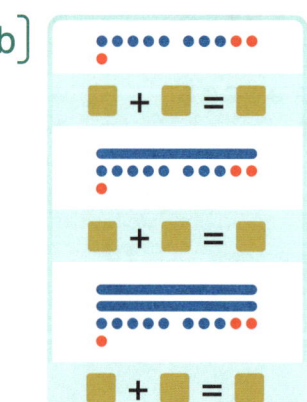

□ + □ = □

□ + □ = □

□ + □ = □

Seite 22 Aufgabe 2

a)   6 + 7 = 1 3
      ⋮
b)   ...

3 Löse die verwandten Aufgaben und ergänze eigene.

a) 6 + 8 = □
    16 + 8 = □
    46 + 8 = □

b) 9 + 4 = □
    29 + 4 = □
    69 + 4 = □

Seite 22 Aufgabe 3

a)   6 + 8 = 1 4
      ⋮
b)   ...

c) 6 + 9 = □
    □ + □ = □
    □ + □ = □

d) 8 + 7 = □
    □ + □ = □
    □ + □ = □

★ zu vorgegebenen Rechenbildern Analogieaufgaben finden und lösen
★ MK: Strukturen erkennen und Analogieaufgaben lösen

kleine Aufgabe: 9 + 4 = 13
große Aufgabe: 29 + 4 = 33

Ich rechne zuerst die kleine Aufgabe.

---

1 Finde und berechne zuerst die kleine Aufgabe.
Löse dann die Aufgabe.

a) 38 + 5 = 43
b) 45 + 7 = 52
c) 76 + 8 = 82
d) 74 + 7 = 81
e) 86 + 6 = 92
f) 57 + 5 = 62
g) 88 + 3 = 91
h) 59 + 8 = 67
i) 44 + 9 = 53
j) 74 + 8 = 82

Seite 23 Aufgabe 1
a)   8 + 5 = 1 3
     3 8 + 5 = 4 3
b) ...

---

2 Berechne zuerst die kleine Aufgabe im Kopf.
Löse dann die Aufgabe.

a) 36 + 6 = 42
   54 + 7 = 61
   69 + 2 = 71
   6 + 6 = 12

b) 72 + 9 = 81
   47 + 5 = 52
   29 + 8 = 37

c) 73 + 8 = 81
   38 + 9 = 47
   66 + 8 = 74

d) 84 + 7 = 91
   45 + 6 = 51
   57 + 4 = 61

Seite 23 Aufgabe 2
a) 3 6 + 6 = 4 2
    5 4 + 7 = ...
    ⋮
b) ...

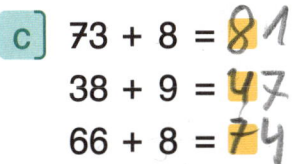

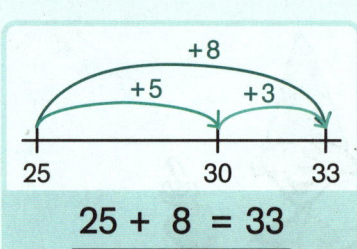

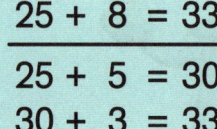

$$25 + 8 = 33$$
$$25 + 5 = 30$$
$$30 + 3 = 33$$

Rechne zuerst bis zum nächsten Zehner und dann weiter.

1 Lies die Aufgabe und die Rechenschritte am Rechenstrich ab.
Schreibe sie in dein Heft.

a)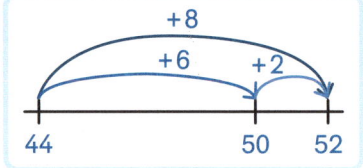

b)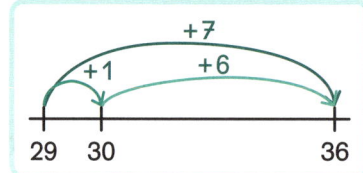

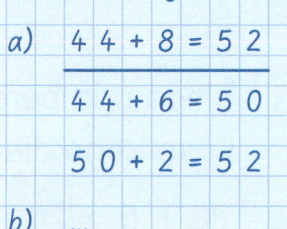

Seite 24 Aufgabe 1

a) $44 + 8 = 52$
    $44 + 6 = 50$
    $50 + 2 = 52$

b) ...

c)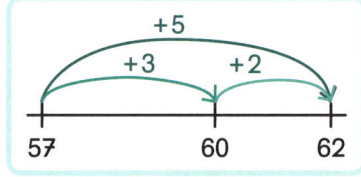

d)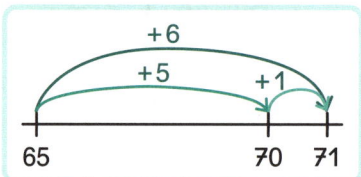

2 Finde die beiden Rechenschritte.
Löse die Aufgaben.

a) $47 + 8 = $ ▪

▪ + ▪ = ▪
▪ + ▪ = ▪

b) $56 + 7 = $ ▪

▪ + ▪ = ▪
▪ + ▪ = ▪

Seite 24 Aufgabe 2

a) $47 + 8 = ...$
    ...

b) ...

c) $35 + 8 = $ ▪

▪ + ▪ = ▪
▪ + ▪ = ▪

d) $68 + 4 = $ ▪

▪ + ▪ = ▪
▪ + ▪ = ▪

e) $85 + 7 = $ ▪

▪ + ▪ = ▪
▪ + ▪ = ▪

f) $54 + 8 = $ ▪

▪ + ▪ = ▪
▪ + ▪ = ▪

★ Plusaufgaben am Rechenstrich ablesen
★ Plusaufgaben mit Zehnerüberschreitung in zwei Schritten lösen
★ die beiden Rechenschritte notieren

27 + 9 = 36

27 + 10 = 37

37 − 1 = 36

Ich rechne zuerst +10 und dann −1.

1 Lies die Aufgabe und die Rechenschritte am Rechenstrich ab.
   Schreibe sie auf.

a)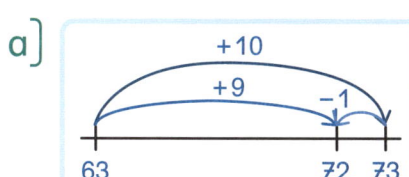

b)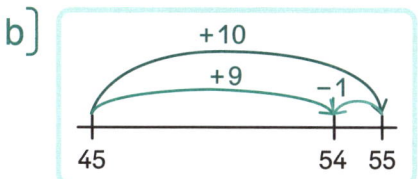

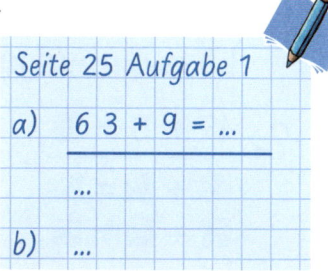

Seite 25 Aufgabe 1

a)   6 3 + 9 = ...

   ...

b)   ...

2 Finde die beiden Rechenschritte.
   Löse die Aufgaben.

a) 84 + 9 = ■
   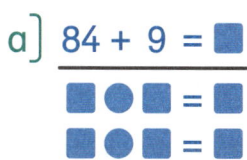

b) 39 + 9 = ▢
   ▢●▢ = ▢
   ▢●▢ = ▢

c) 76 + 9 = ▢

d) 57 + 9 = ▢
   ▢●▢ = ▢
   ▢●▢ = ▢

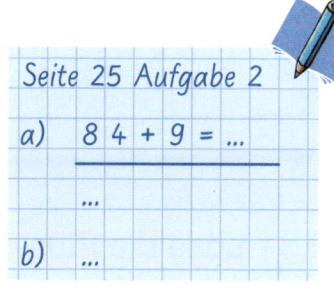

Seite 25 Aufgabe 2

a)   8 4 + 9 = ...

   ...

b)   ...

3 Erkläre einem anderen Kind, wie du Plusaufgaben mit 9
   leichter rechnen kannst.

4 Löse die Aufgaben.
   Rechne die Rechenschritte im Kopf.

a) 28 + 9 = ■
   53 + 9 = ▢
   76 + 9 = ▢
   44 + 9 = ▢

b) 65 + 9 = ▢
   32 + 9 = ▢
   19 + 9 = ▢
   86 + 9 = ▢

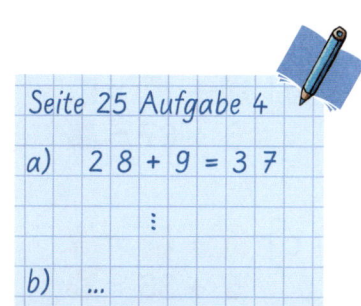

Seite 25 Aufgabe 4

a)   2 8 + 9 = 3 7

   ⋮

b)   ...

★ Plus-9-Aufgaben geschickt lösen

1 Finde und berechne zuerst die kleine Aufgabe.
Löse dann die Aufgabe.

a) 8 + 7 = 15
   38 + 7 = 45

b) 5 + 6 = 11
   45 + 6 = 51

c) 4 + 8 = 12
   84 + 8 = 92

d) 7 + 6 = 13
   57 + 6 = 63

Seite 26 Aufgabe 1
a)   8 + 7 = 1 5
      3 8 + 7 = ...
b)   ...

2 Finde die beiden Rechenschritte.
Löse die Aufgaben.

a) 47 + 5 = 52
   47 + 3 = 50
   50 + 2 = 52

b) 29 + 6 = 35
   29 + 1 = 30
   30 + 5 = 35

c) 75 + 8 = 83
   75 + 5 = 80
   80 + 3 = 83

d) 44 + 7 = 51
   44 + 6 = 50
   50 + 1 = 51

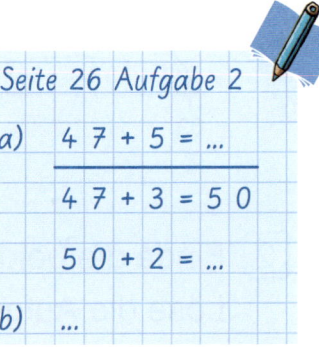

Seite 26 Aufgabe 2
a)   4 7 + 5 = ...
      4 7 + 3 = 5 0
      5 0 + 2 = ...
b)   ...

3 Löse die Plus-9-Aufgaben.
Finde die beiden Rechenschritte.

a) 54 + 9 = 63
   54 + 6 = 60
   60 + 3 = 63

b) 27 + 9 = 36
   27 + 3 = 30
   30 + 6 = 36

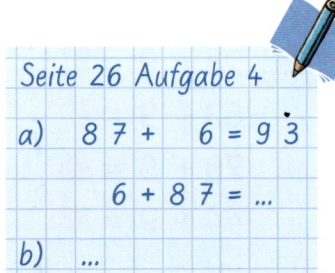

Seite 26 Aufgabe 3
a)   5 4 + 9 = ...
      ...
b)   ...

4 Finde und löse zuerst die Tauschaufgabe.
Löse dann die Aufgabe.

a) 6 + 7 = 13
   6 + 87 = 93

b) 9 + 4 = 13
   9 + 44 = 53

c) 5 + 6 = 11
   5 + 36 = 41

d) 7 + 8 = 15
   7 + 58 = 65

Seite 26 Aufgabe 4
a)   8 7 +   6 = 9 3
         6 + 8 7 = ...
b)   ...

★ Plusaufgaben mit verschiedenen vorgegebenen Strategien lösen

Ich rechne zuerst die kleine Aufgabe.

8 + 5 = 13
48 + 5 = 53

Ich rechne in zwei Schritten.

57 + 8 = 65
57 + 3 = 60
60 + 5 = 65

Ich rechne die Tauschaufgabe.

28 + 3 = 31
 3 + 28 = 31

Ich rechne zuerst +10.

36 + 9 = 45
36 + 10 = 46
46 − 1 = 45

1 Untersucht die Rechenwege der Kinder.

a Beschreibe einem anderen Kind, warum die unterschiedlichen Rechenwege jeweils zur Aufgabe passen.

b Sucht für jeden Rechenweg weitere dazu passende Plusaufgaben.

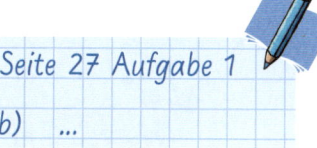

Seite 27 Aufgabe 1

b) ...

2 Rechne im Heft. Finde jeweils einen passenden Rechenweg. Schreibe ihn auf.

a
86 + 6 = 92
75 + 9 = 84
64 + 8 = 72
27 + 5 = 32

b
 4 + 68 = 72   72
43 + 9 = 52   52
58 + 7 = 65
37 + 6 = 43

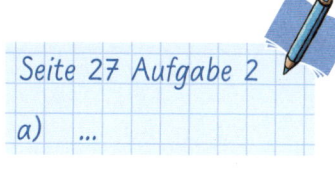

Seite 27 Aufgabe 2

a) ...

3 Löse die Aufgaben.
Rechne deinen Rechenweg im Kopf.

a
39 + 4 = 43
75 + 7 = 82
 9 + 52 = 61
62 + 9 = 72

b
67 + 4 = 71
84 + 7 = 91
43 + 8 = 51
85 + 6 = 91

c
 4 + 88 = 92
45 + 7 = 52
77 + 6 = 83
56 + 7 = 63

d
34 + 8 = 42
29 + 5 = 34
57 + 9 = 56
89 + 4 = 93

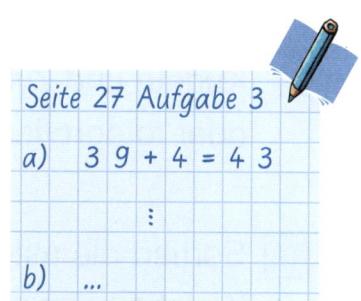

Seite 27 Aufgabe 3

a) 3 9 + 4 = 4 3
        ⋮

b) ...

★ SF: verschiedene Lösungswege und ihre Notation aufgabenbezogen nachvollziehen und beschreiben, weitere passende Aufgaben finden
★ den eigenen Rechenweg finden und notieren

 D 25   ÜH 18   AH 24   **27**

A

B   NOTIZEN

C

D

E

F

G

H   Milch 1L

Würfel sind besondere Quader.

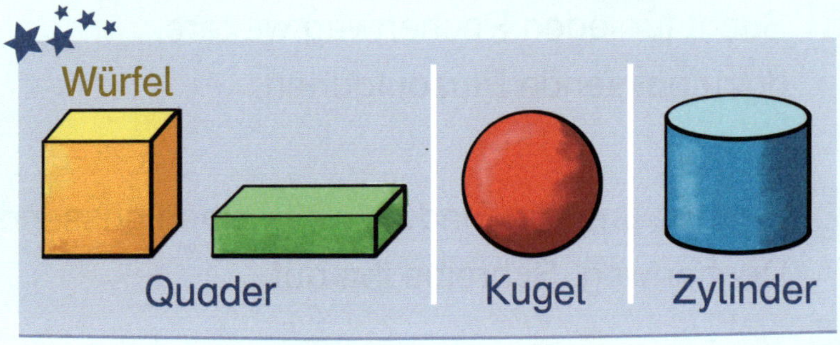

Würfel

Quader   Kugel   Zylinder

1   Schreibe auf, welche Körper du entdeckst.

Seite 28 Aufgabe 1

Würfel: ...   Quader: ...

Kugel: ...   Zylinder: ...

2   Suche in deiner Umgebung Dinge, die die Form von Quadern, Würfeln, Kugeln und Zylindern haben. Bringe sie mit, schreibe sie auf, zeichne oder fotografiere sie. Ordne ihnen die passende Form zu.

3   Sortiert die mitgebrachten Gegenstände. Welche kann man kippen, welche rollen?

4   Gestaltet eine Ausstellung mit euren Gegenständen. Überlegt, wie ihr sie anordnen wollt.

★ Alltagsgegenstände geometrischen Körpern zuordnen ★ MK: für eine Ausstellung reale, fotografierte, gezeichnete oder ausgeschnittene Abbildungen von Alltagsgegenständen zusammentragen ★ Gegenstände nach ihrer Form oder Eigenschaft ordnen

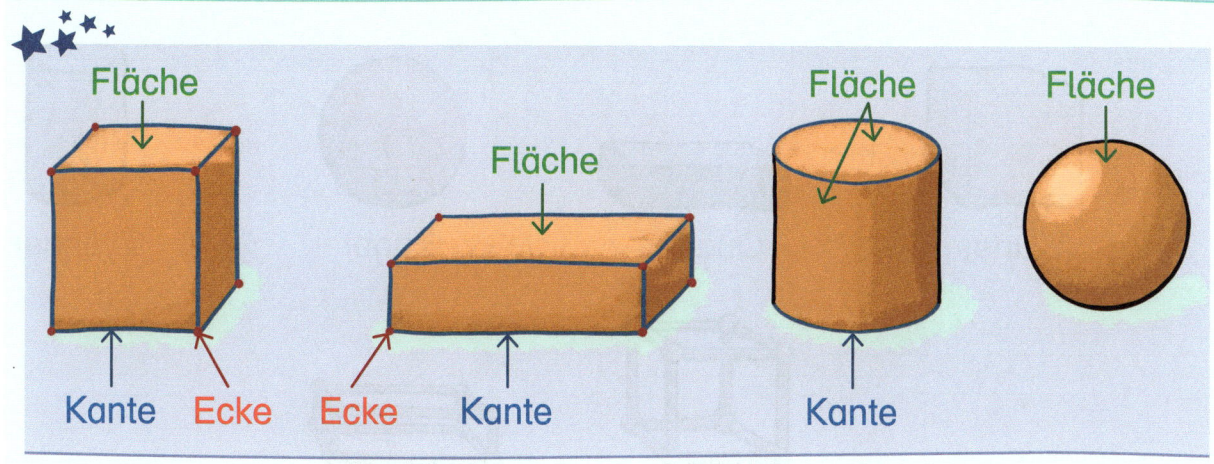

1 Übertrage die Tabelle in dein Heft.
Fülle sie aus.

	Flächen	Kanten	Ecken
Würfel	☐	☐	☐
Quader	☐	☐	☐
Zylinder	☐	☐	☐
Kugel	☐	☐	☐

Seite 29 Aufgabe 1

	Flächen	...
Würfel	...	...
Quader	...	...
⋮	⋮	⋮

2 Löse die Rätsel.

a) *Der Körper hat 6 Flächen. Alle Flächen sind Quadrate.* Meral

b) *Der Körper hat keine Ecke und keine Kante.* Max

Seite 29 Aufgabe 2

a) ...

c) *Der Körper hat 12 Kanten. Immer 4 Kanten sind gleich lang.* Ole

d) *Der Körper kann rollen. Er hat 3 Flächen.* Lisa

3 Schreibe ein eigenes Körper-Rätsel.

Seite 29 Aufgabe 3

...

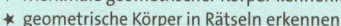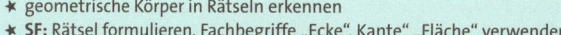
★ Merkmale geometrischer Körper kennenlernen (Anzahl der Ecken, Kanten und Flächen)
★ geometrische Körper in Rätseln erkennen
★ SF: Rätsel formulieren, Fachbegriffe „Ecke", „Kante" „Fläche" verwenden

ÜH 19   **29**

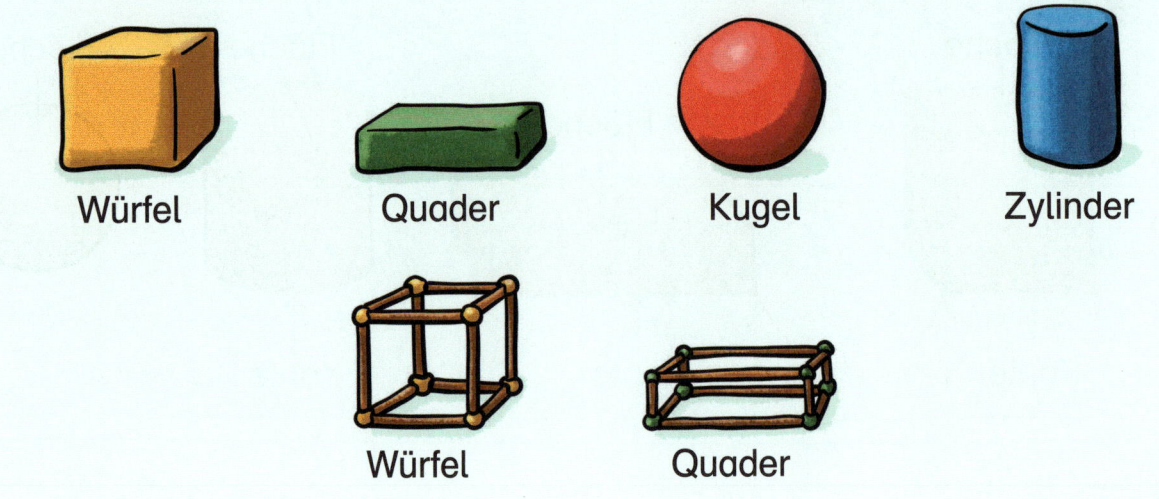

Würfel   Quader   Kugel   Zylinder

Würfel   Quader

1 Aus Knete und Holzstäbchen kannst du Körper bauen.

a Forme einen Körper aus Knete.

b Baue einen Körper aus Knete und Holzstäbchen.

c Schreibe auf, welche Körper man aus Knete formen kann.

d Schreibe auf, welche Körper man aus Knete und Holzstäbchen bauen kann.

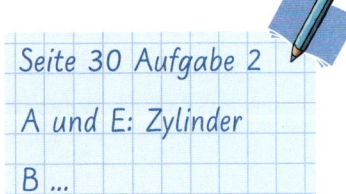

Seite 30 Aufgabe 1

c) ...

2 Immer zwei Teile ergeben zusammen einen geometrischen Körper.
Schreibe auf, welche Teile zusammengehören.
Welchen Körper bilden sie?

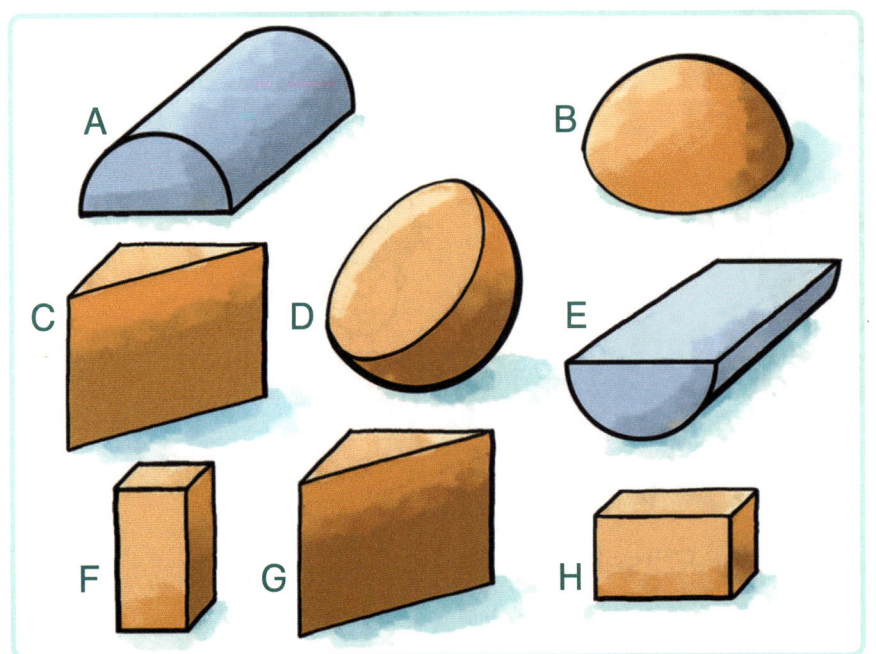

Seite 30 Aufgabe 2

A und E: Zylinder

B ...

★ Körper aus Knete formen oder aus Knete und Holzstäbchen bauen
★ abgebildete Körperteile zu vollständigen Körpern zusammenfügen

von vorn   von hinten   von links   von rechts

1 Baue nach. Ordne die Ansichten zu.

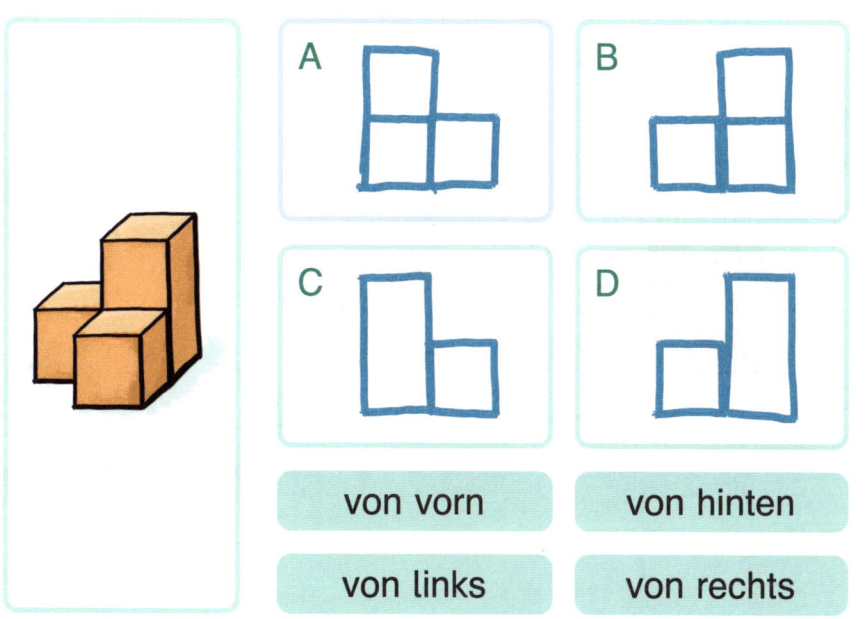

A

B

C

D

von vorn   von hinten

von links   von rechts

Seite 31 Aufgabe 1

A: von ...

B: ...

2 Baue nach. Zeichne die Ansichten von vorn, von links und von rechts.

a)

b)

Seite 31 Aufgabe 2

a) von vorn: ...

       ⋮

b) ...

1 Baue mit Steckwürfeln nach.
Bestimme die Anzahl der Einzelwürfel.

a)  b)  c)

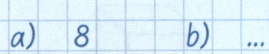

Seite 32 Aufgabe 1
a) 8   b) ...

d)  e)  f)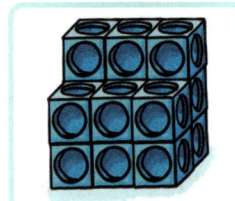

2 Baue mit Steckwürfeln nach.
Benutze die Baupläne als Hilfe.

a)

2	1
1	1

b)

2	2
2	2

c)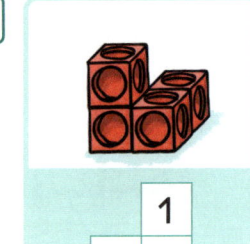

	1
2	1

3 Baue nach und schreibe selbst Baupläne.

a)  b)  c)

Seite 32 Aufgabe 3
a) 3 | 3 | 3   b) ...
    2 | 2 | 2
    2 | 2 | 2

4 Baue mit Steckwürfeln nach folgenden Bauplänen.

a)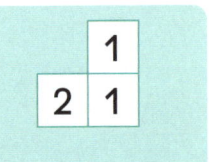

	1
2	1

b)

2	1	1	2
	1	1	

c)

1	2	1
1	2	1

★ Anzahl der bei Würfelbauten verwendeten Steckwürfel ermitteln
★ mit Steckwürfeln Bauwerke unter Verwendung der Baupläne nachbauen
★ zu vorgegebenen Bauwerken Baupläne erstellen

1 Ordne jedem Bauwerk einen Bauplan zu.

a)

A
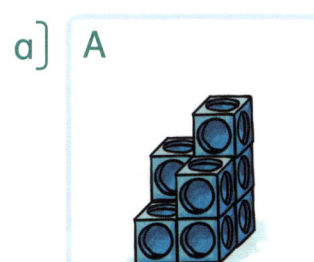

B
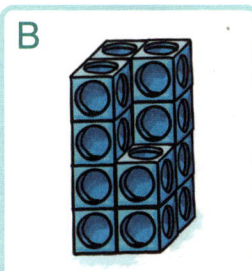

C
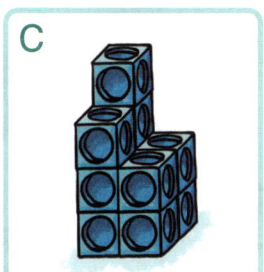

1	2	3
	1	2

2	4	2
	3	2

3	4	4
	4	2

Seite 33 Aufgabe 1

a)   A – …   b)   …

⋮

b)

A
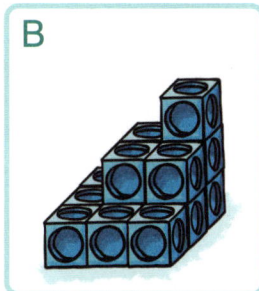

B
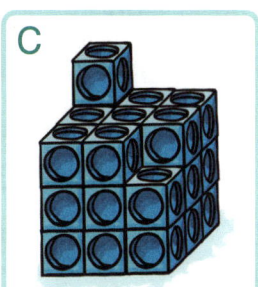

C

1	4	3	3
	3	3	3
	3	3	2

2	1	2	3
	1	2	2
	1	1	1

3	3	2	1
	2	2	1
	1	1	1

2 Ermittle die Anzahl der Einzelwürfel.

A
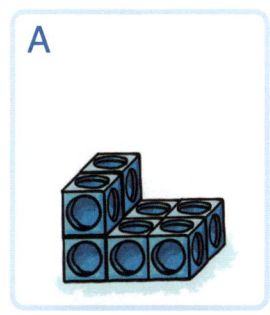

B

C
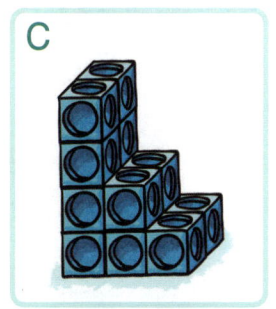

Seite 33 Aufgabe 2

A: 8   B : …

★ Bauwerke und Baupläne zuordnen
★ Anzahl der bei Würfelbauten verwendeten Steckwürfel ermitteln

1 Übe mit einem anderen Kind zusammen die Minusaufgaben bis 20.

2 Rechne.
Schreibe die Ergebnisse auf.

a) 12 − 4 = ☐
13 − 6 = ☐
16 − 7 = ☐
11 − 5 = ☐

b) 11 − 4 = ☐
14 − 9 = ☐
12 − 8 = ☐
13 − 9 = ☐

c) 12 − 6 = ☐
14 − 8 = ☐
13 − 7 = ☐
16 − 8 = ☐

d) 11 − 8 = ☐
13 − 4 = ☐
14 − 6 = ☐
17 − 9 = ☐

> Seite 34 Aufgabe 2
> a) 8, …
> b) …

3 Übertrage die Tabellen in dein Heft.
Fülle sie aus.

a)

−	3	5	9
11	☐	☐	☐
13	☐	☐	☐

b)

−	7	6	8
16	☐	☐	☐
14	☐	☐	☐

c)

−	☐	8	☐
12	7	☐	☐
15	☐	☐	6

d)

−	8	☐	6
☐	☐	9	☐
13	☐	9	☐

> Seite 34 Aufgabe 3
> a)
>
> | − | 3 | 5 | 9 |
> |---|---|---|---|
> | 1 1 | … | … | … |
> | 1 3 | … | … | … |
>
> b) …

★ Minusaufgaben mit Zehnerüberschreitung im Zahlenraum bis 20 lösen
★ Minusaufgaben in Tabellen lösen

1 Suche dir ein anderes Kind.
Legt die Aufgaben mit Zehnerstreifen und Wendeplättchen.
Zeichnet Rechenbilder.

| 32 – 5 | 44 – 8 | 24 – 7 | 56 – 9 | 71 – 6 | 93 – 6 |

$32 - 5 = 27$

2 Schreibe zu jedem Rechenbild die Minusaufgabe.

a)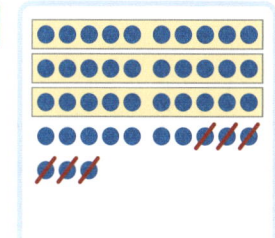

b)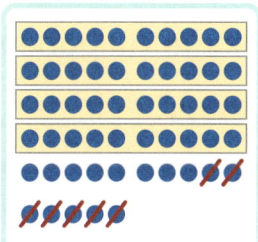

c)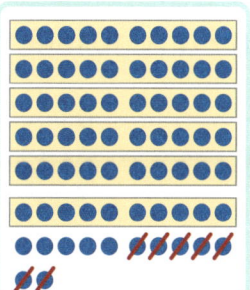

Seite 35 Aufgabe 2
a)   4 3 – 6 = 3 7
b)   ...

d)

e)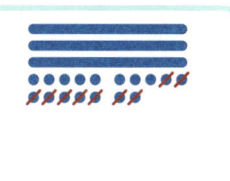

f)

3 Zeichne Rechenbilder und löse die Minusaufgaben.

a) 24 – 6 =    b) 46 – 8 = 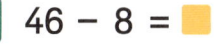   c) 61 – 9 = ▨

Seite 35 Aufgabe 3

a)
   2 4 – 6 = 1 8
b)   ...

★ Minusaufgaben mit Zehnerstreifen und Plättchen legen, passende Rechenbilder zeichnen
★ Rechenbilder in Minusaufgaben übertragen
★ Rechenbilder zu Minusaufgaben zeichnen

B   35

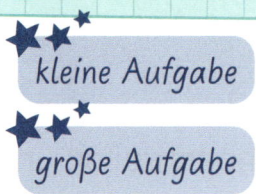
kleine Aufgabe
große Aufgabe

1 Schreibe zu den Punktebildern verwandte Aufgabenpaare.

a)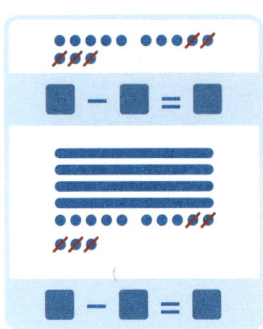

b)

c)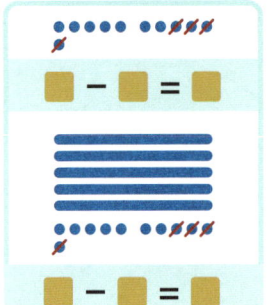

d)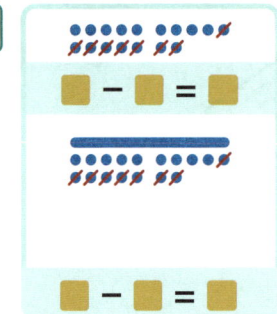

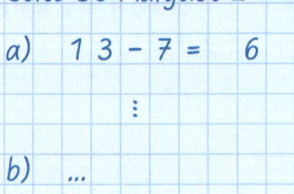

Seite 36 Aufgabe 1

a) 1 3 − 5 = 8

⋮

b) …

2 Schreibe zu den Punktebildern verwandte Aufgaben.

a)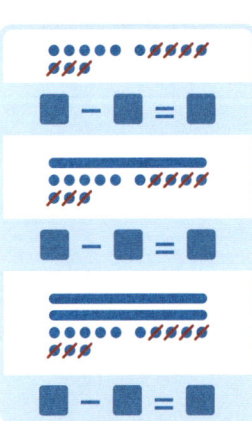

b)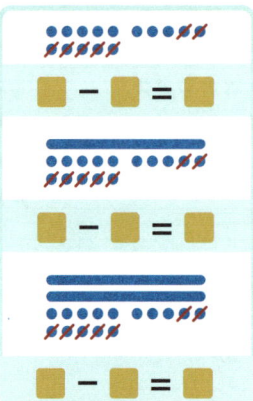

Seite 36 Aufgabe 2

a) 1 3 − 7 = 6

⋮

b) …

3 Löse die verwandten Aufgaben und ergänze eigene.

a) 16 − 7 = ▢
   26 − 7 = ▢
   46 − 7 = ▢

b) 12 − 5 = ▢
   32 − 5 = ▢
   92 − 5 = ▢

c) 11 − 3 = ▢
   ▢ − ▢ = ▢
   ▢ − ▢ = ▢

d) 15 − 7 = ▢
   ▢ − ▢ = ▢
   ▢ − ▢ = ▢

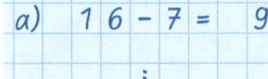

Seite 36 Aufgabe 3

a) 1 6 − 7 = 9

⋮

b) …

 AH 27

★ zu vorgegebenen Rechenbildern Analogieaufgaben finden und lösen
★ MK: Strukturen erkennen und Analogieaufgaben lösen

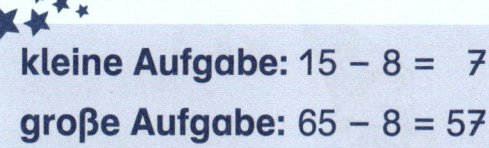

kleine Aufgabe: 15 − 8 = 7
große Aufgabe: 65 − 8 = 57

Ich rechne zuerst die kleine Aufgabe.

1 Finde und berechne zuerst die kleine Aufgabe.
Löse dann die Aufgabe.

a) 83 − 6 = 177

b) 21 − 4 = 17

c) 35 − 7 = 28

d) 53 − 8 = 45

e) 45 − 9 = 36

f) 52 − 5 = 47

g) 82 − 3 = 79

h) 64 − 8 = 56

i) 45 − 7 = 38

j) 74 − 6 = 66

Seite 37 Aufgabe 1

a) 1 3 − 6 = 7
    8 3 − 6 = 7 7

b) ...

2 Berechne zuerst die kleine Aufgabe im Kopf.
Löse dann die Aufgabe.

a) 61 − 2 = 59
   54 − 7 = 47
   11 − 2 = 9
   63 − 6 = 57

b) 72 − 9 = 63
   43 − 5 = 38
   35 − 8 = 27

c) 83 − 7 = 76
   45 − 6 = 39
   52 − 4 = 48

d) 67 − 9 = 58
   33 − 8 = 25
   95 − 7 = 88

Seite 37 Aufgabe 2

a) 6 1 − 2 = 5 9
    5 4 − 7 = ...
        ⋮

b) ...

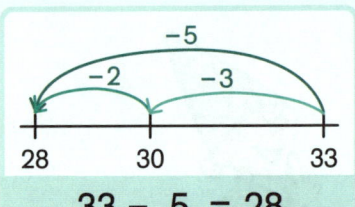

$$33 - 5 = 28$$
$$33 - 3 = 30$$
$$30 - 2 = 28$$

Rechne zuerst bis zum nächsten Zehner und dann weiter.

1 Lies die Aufgabe und die Rechenschritte am Rechenstrich ab.
Schreibe sie in dein Heft.

a)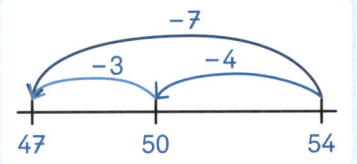

b)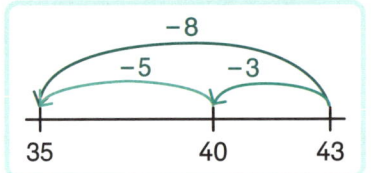

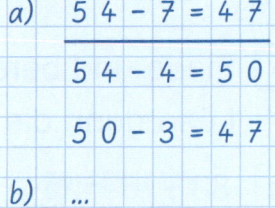

Seite 38 Aufgabe 1
a) $5\ 4 - 7 = 4\ 7$
    $5\ 4 - 4 = 5\ 0$
    $5\ 0 - 3 = 4\ 7$
b) ...

c)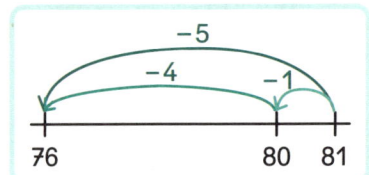

d)

2 Finde die beiden Rechenschritte.
Löse die Aufgaben.

a) $53 - 6 = \blacksquare$
   $\blacksquare - \blacksquare = \blacksquare$
   $\blacksquare - \blacksquare = \blacksquare$

b) $72 - 8 = \blacksquare$
   $\blacksquare - \blacksquare = \blacksquare$
   $\blacksquare - \blacksquare = \blacksquare$

Seite 38 Aufgabe 2
a) $5\ 3 - 6 = ...$
    ...
b) ...

c) $31 - 7 = \blacksquare$
   $\blacksquare - \blacksquare = \blacksquare$
   $\blacksquare - \blacksquare = \blacksquare$

d) $36 - 8 = \blacksquare$
   $\blacksquare - \blacksquare = \blacksquare$
   $\blacksquare - \blacksquare = \blacksquare$

e) $62 - 6 = \blacksquare$
   $\blacksquare - \blacksquare = \blacksquare$
   $\blacksquare - \blacksquare = \blacksquare$

f) $95 - 7 = \blacksquare$
   $\blacksquare - \blacksquare = \blacksquare$
   $\blacksquare - \blacksquare = \blacksquare$

* Minusaufgaben am Rechenstrich ablesen
* Minusaufgaben mit Zehnerüberschreitung in zwei Schritten lösen
* die beiden Rechenschritte notieren

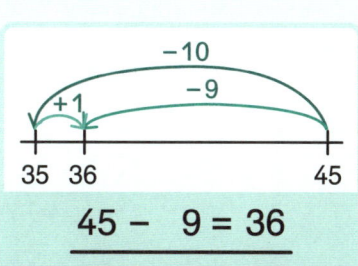

Ich rechne zuerst −10 und dann +1.

$$45 - 9 = 36$$
$$45 - 10 = 35$$
$$35 + 1 = 36$$

1 Lies die Aufgabe und die Rechenschritte am Rechenstrich ab.
Schreibe sie auf.

a)
−10
−9
+1
73 74   83

b)
−10
−9
+1
28 29   38

Seite 39 Aufgabe 1

a) $8\ 3 - 9 = \ldots$

...

b) ...

2 Finde die beiden Rechenschritte.
Löse die Aufgaben.

a) $26 - 9 = \blacksquare$
■ ● ■ = ■
■ ● ■ = ■

b) $91 - 9 = \blacksquare$
■ ● ■ = ■
■ ● ■ = ■

c) $54 - 9 = \blacksquare$
■ ● ■ = ■
■ ● ■ = ■

d) $43 - 9 = \blacksquare$
■ ● ■ = ■
■ ● ■ = ■

Seite 39 Aufgabe 2

a) $2\ 6 - 9 = \ldots$

...

b) ...

3 Erkläre einem anderen Kind, wie du Minusaufgaben mit 9
leichter rechnen kannst.

4 Löse die Aufgaben.
Rechne die Rechenschritte im Kopf.

a) $42 - 9 = \blacksquare$
$85 - 9 = \blacksquare$
$27 - 9 = \blacksquare$
$78 - 9 = \blacksquare$

b) $35 - 9 = \blacksquare$
$96 - 9 = \blacksquare$
$53 - 9 = \blacksquare$
$64 - 9 = \blacksquare$

Seite 39 Aufgabe 4

a) $4\ 2 - 9 = 3\ 3$

⋮

b) ...

★ Minus-9-Aufgaben geschickt lösen

1 Finde und berechne zuerst die kleine Aufgabe.
Löse dann die Aufgabe.

a) ■ − ■ = ■
   $56 - 9 =$ ■

b) ■ − ■ = ■
   $23 - 5 =$ ■

c) ■ − ■ = ■
   $74 - 8 =$ ■

d) ■ − ■ = ■
   $61 - 6 =$ ■

Seite 40 Aufgabe 1
a) $1\,6 - 9 = 7$
   $5\,6 - 9 = ...$
b) ...

2 Finde die beiden Rechenschritte.
Löse die Aufgaben.

a) $42 - 6 =$ ■
   ■ − ■ = ■
   ■ − ■ = ■

b) $84 - 5 =$ ■
   ■ − ■ = ■
   ■ − ■ = ■

c) $25 - 7 =$ ■
   ■ − ■ = ■
   ■ − ■ = ■

d) $57 - 8 =$ ■
   ■ − ■ = ■
   ■ − ■ = ■

Seite 40 Aufgabe 2
a) $4\,2 - 6 = ...$
   $4\,2 - 2 = 4\,0$
   $4\,0 - 4 = ...$
b) ...

3 Löse die Minus-9-Aufgaben.
Finde die beiden Rechenschritte.

a) $95 - 9 =$ ■
   ■ ● ■ = ■
   ■ ● ■ = ■

b) $37 - 9 =$ ■
   ■ ● ■ = ■
   ■ ● ■ = ■

Seite 40 Aufgabe 3
a) $9\,5 - 9 = ...$
   ...
b) ...

4 Löse die Aufgaben auf deinem Weg.

a) $32 - 6 = 26$

b) $45 - 9 = 54$

Seite 40 Aufgabe 4
a) ...

★ Minusaufgaben mit verschiedenen vorgegebenen Strategien lösen
★ Minusaufgaben mit dem eigenen Weg lösen

Ich rechne zuerst die kleine Aufgabe.

12 − 6 = 6
82 − 6 = 76

Ich rechne in zwei Schritten.

73 − 7 = 66
73 − 3 = 70
70 − 4 = 66

Ich rechne zuerst −10.

35 − 9 = 26
35 − 10 = 25
25 + 1 = 26

1 Untersucht die Rechenwege der Kinder.

a) Beschreibe einem anderen Kind, warum die unterschiedlichen Rechenwege jeweils zur Aufgabe passen.

b) Sucht für jeden Rechenweg weitere dazu passende Minusaufgaben.

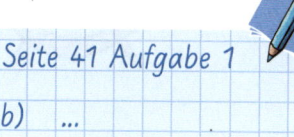

Seite 41 Aufgabe 1

b) ...

2 Rechne im Heft. Finde jeweils einen passenden Rechenweg. Schreibe ihn auf.

a) 65 − 7 = ☐
72 − 9 = ☐
56 − 8 = ☐
93 − 4 = ☐

b) 41 − 5 = ☐
38 − 9 = ☐
82 − 3 = ☐
64 − 6 = ☐

Seite 41 Aufgabe 2

a) ...

3 Löse die Aufgaben. Rechne deinen Rechenweg im Kopf.

a) 31 − 4 = ☐
62 − 3 = ☐
75 − 6 = ☐
52 − 9 = ☐

b) 84 − 9 = ☐
43 − 8 = ☐
85 − 6 = ☐
94 − 7 = ☐

c) 22 − 5 = ☐
46 − 8 = ☐
53 − 7 = ☐
83 − 5 = ☐

d) 34 − 8 = ☐
81 − 4 = ☐
55 − 9 = ☐
42 − 6 = ☐

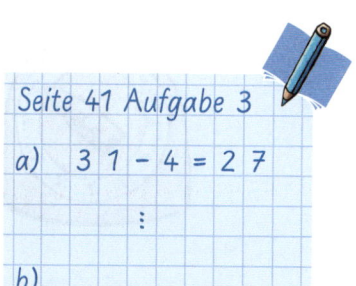

Seite 41 Aufgabe 3

a) 31 − 4 = 27
⋮
b) ...

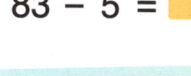

★ SF: verschiedene Lösungswege und ihre Notation aufgabenbezogen nachvollziehen und beschreiben, weitere passende Aufgaben finden
★ den eigenen Rechenweg finden und notieren

 D 30   ÜH 22   AH 28    **41**

Die ersten Uhren waren Sonnen-, Wasser- und Sanduhren. Weil sie sehr ungenau waren, entwickelten die Menschen Räderuhren. Es gab dann kleine Uhren, die um den Hals oder in der Tasche getragen wurden. Heute gibt es viele verschiedene Uhren.

1 Mit diesen Uhren kannst du die Uhrzeit bestimmen. Ordne die Namen zu.

A

B

C
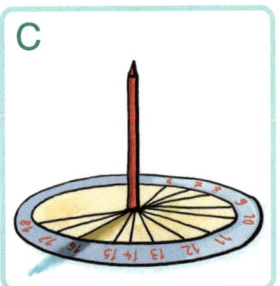

Seite 42 Aufgabe 1

A : Wecker

B : ...

D

E

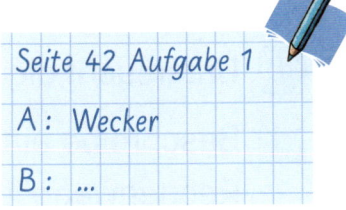

Taschenuhr

Wecker

Armbanduhr

Digitaluhr

Sonnenuhr

2 Mit diesen Uhren kannst du feststellen, wie lange etwas dauert. Ordne die Namen zu.

A
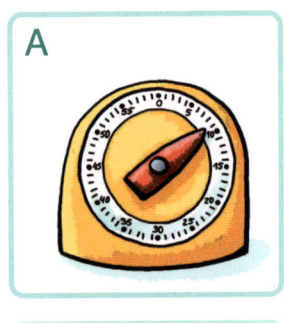

B

C

Seite 42 Aufgabe 2

A : ...

Sanduhr Stoppuhr Kurzzeitmesser

3 Überlege und besprich mit einem anderen Kind, wo du solche oder andere Uhren schon einmal gesehen hast und wozu man sie braucht.

★ SF: verschiedene Uhren kennenlernen und benennen
★ SF: Eigenschaften und Verwendung verschiedener Uhren beschreiben

Der kleine Zeiger ist der Stundenzeiger. Er braucht
1 Stunde, um von einer Zahl zur nächsten zu wandern.

Von Mitternacht bis Mittag
braucht er 12 Stunden und
von Mittag bis Mitternacht
wieder 12 Stunden.
Der Stundenzeiger
wandert an einem Tag
zweimal im Kreis.
Eine Zeigerstellung kann
deshalb zwei Uhrzeiten angeben.

1 Tag hat
24 Stunden.

1 Lies beide Uhrzeiten ab und schreibe sie auf.

a)

b)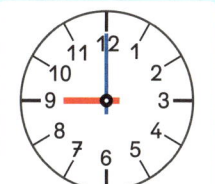

c)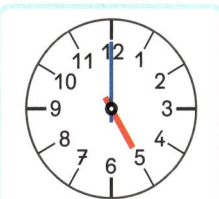

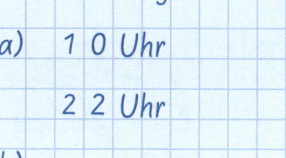

Seite 43 Aufgabe 1
a)   1 0 Uhr
     2 2 Uhr
b)   ...

d)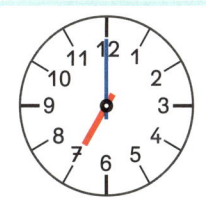

e)

f)

2 Schreibe die passende Uhrzeit auf.
Achte auf die Tageszeit.

a)
Mittagessen

b)
schlafen

c)
aufstehen

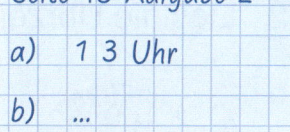

Seite 43 Aufgabe 2
a)   1 3 Uhr
b)   ...

d)
Hausaufgaben
machen

e)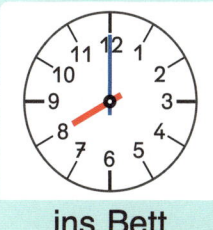
ins Bett
gehen

f)
in der Schule
lernen

★ nachvollziehen, dass eine Zeigerstellung tageszeitabhängig zwei unterschiedliche
Uhrzeiten anzeigt
★ Uhrzeiten in vollen Stunden in beiden Tageshälften ablesen und notieren

Der große Zeiger ist der Minutenzeiger. Er zeigt an, wie viele Minuten seit der letzten vollen Stunde vergangen sind.

Für ihn gelten die Minutenstriche auf der Uhr. Wenn der Minutenzeiger einmal ganz im Kreis herumgewandert ist, sind 60 Minuten vergangen. Das ist genau 1 Stunde.

1 Stunde = 60 Minuten
1 h   = 60 min

1 Schreibe auf, wie viele Minuten seit 1:00 Uhr vergangen sind.

a)

b)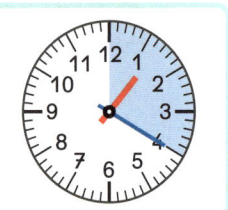

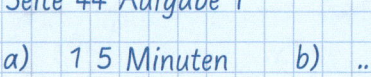

Seite 44 Aufgabe 1

a)   1 5 Minuten   b)   ...

c)

d)

2 Lies die Uhrzeit in Stunden und Minuten ab.

a)

b)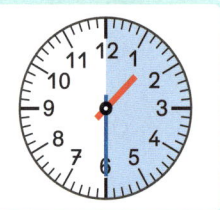

Seite 44 Aufgabe 2

a)   20 Minuten nach 1 Uhr   b)   ...

      1:20 Uhr

c)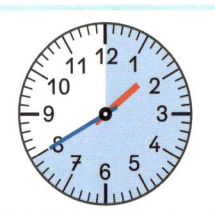

d)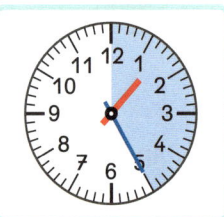

Der **Doppelpunkt** trennt Stunde und Minute.

★ den Minutenzeiger kennenlernen und das Zusammenspiel zwischen Stunden- und Minutenzeiger verstehen ★ nach einer vollen Stunde vergangene Minuten ablesen
★ Uhrzeiten in Stunden und Minuten angeben

3 Lies beide Uhrzeiten ab und schreibe sie auf.

a]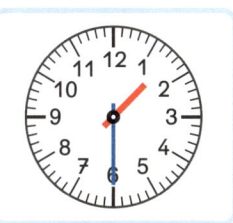

b]

c]

Seite 45 Aufgabe 3
a)   1:3 0 Uhr
         1 3:3 0 Uhr
b)   ...

d]

e]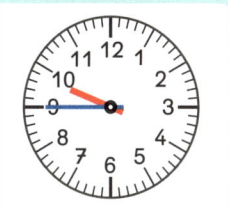

Denke an die Null, wenn es weniger als 10 Minuten sind.

f]

g]

1:05
13:05

h]

i]

Bei **digitalen Uhren** kann man für alle 24 Stunden die Stundenangabe direkt ablesen. Auch die Stunde wird immer mit zwei Ziffern angezeigt. Uhrzeiten vor 10 Uhr vormittags beginnen mit einer Null.

4 Ordne passend zu.

A

B

C

Seite 45 Aufgabe 4
A: ...

14:20   08:15   19:40

★ Uhrzeiten in Stunden und Minuten ablesen und notieren
★ Uhrzeiten an einer Digitaluhr ablesen und den Unterschied zur Zeigeruhr kennenlernen
★ Uhrzeiten auf Zeiger- und Digitaluhren zuordnen

ÜH 23   AH 29   **45**

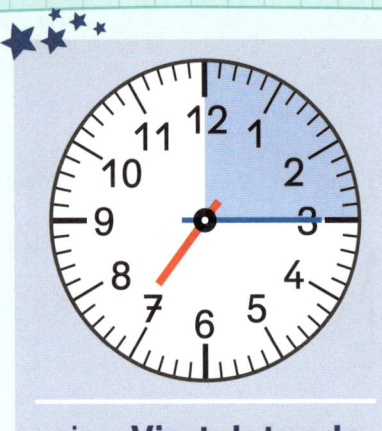

eine **Viertelstunde** (15 Minuten)	eine **halbe Stunde** (30 Minuten)	eine **Dreiviertelstunde** (45 Minuten)
7:15 Uhr Viertel nach 7 viertel 8	7:30 Uhr halb 8	7:45 Uhr Viertel vor 8 drei viertel 8

Man kann es unterschiedlich sagen.

 1 Suche dir ein anderes Kind. Stellt verschiedene Uhrzeiten mit 15 Minuten, 30 Minuten, 45 Minuten ein. Lest die Uhrzeiten ab. Sagt es unterschiedlich.

 *10:45 Uhr oder Viertel vor 11 oder drei viertel 11*

 *Und 22:45 Uhr oder drei viertel 11 oder Viertel vor 11*

2 Lies die Uhrzeiten ab. Schreibe sie auf unterschiedliche Arten auf.

a]

b]

c]

d]

Seite 46 Aufgabe 2
a)   12:15 Uhr, 0:15 Uhr,
*   Viertel nach 12,*
*   viertel 1*
b)   ...

★ Viertelstunde, halbe Stunde und Dreiviertelstunde als alternative Minutenangaben kennenlernen ★ SF: Uhrzeiten ablesen und auf unterschiedliche Weise benennen

1 Ordne jeder Zeigerstellung zwei Uhrzeiten zu.

5:30 Uhr	11:50 Uhr	7:05 Uhr	9:20 Uhr

A B C D

19:05 Uhr	17:30 Uhr	21:20 Uhr	23:50 Uhr

Seite 47 Aufgabe 1

A : 7:05 Uhr und ...

B : ...

2 Lies die Uhrzeiten ab.
Schreibe sie immer auf drei Arten auf.

a)

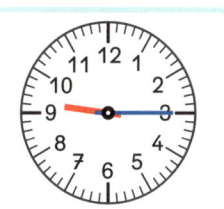b)

c)

d)

Seite 47 Aufgabe 2

a)   7 : 3 0 Uhr

        1 9 : 3 0 Uhr

        halb 8

b)   ...

3 Übertrage die Uhrzeiten
von der Zeigeruhr auf die Digitaluhr.

a)    b)

c)    d)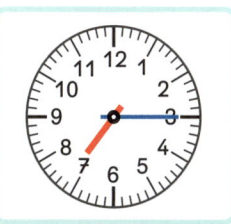

Seite 47 Aufgabe 3

a)   0 8 : 3 0

      2 0 : 3 0

b)   ...

★ Uhrzeitangaben der passenden Zeigerstellung zuordnen
★ SF: Uhrzeiten ablesen und auf unterschiedliche Weise benennen und notieren
★ auf einer analogen Uhr Uhrzeiten ablesen und in Digitalanzeige übertragen

47

Zeitspannen in Stunden und Minuten bestimmen

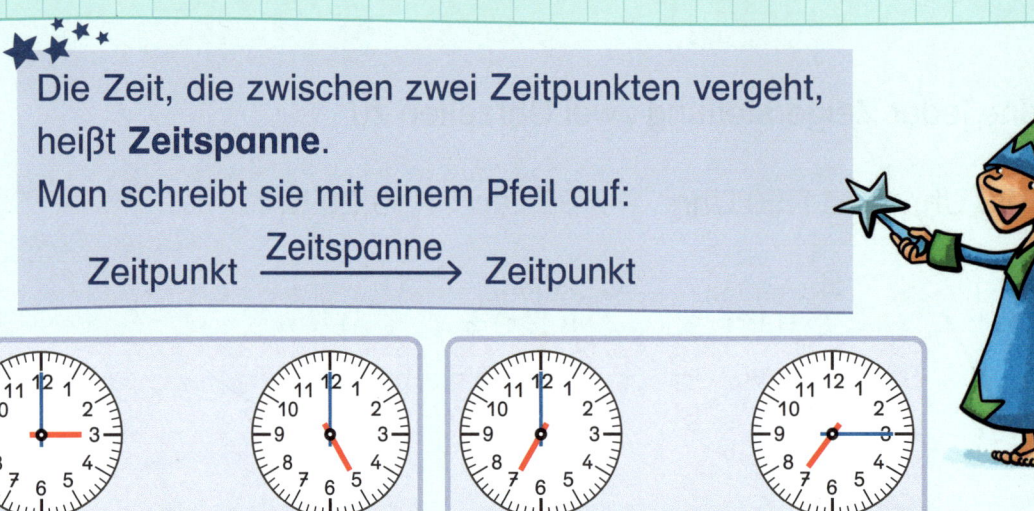

Die Zeit, die zwischen zwei Zeitpunkten vergeht, heißt **Zeitspanne**.

Man schreibt sie mit einem Pfeil auf:

Zeitpunkt $\xrightarrow{\text{Zeitspanne}}$ Zeitpunkt

3:00 Uhr $\xrightarrow{2\,h}$ 5:00 Uhr   7:00 Uhr $\xrightarrow{15\,min}$ 7:15 Uhr

---

1 Lies ab, wie viele Stunden (h) vergangen sind.
Schreibe die Uhrzeiten für die erste Tageshälfte auf.

a)    b)

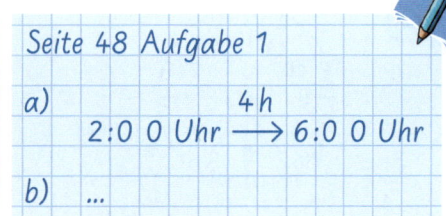

Seite 48 Aufgabe 1

a)   4 h
   2:0 0 Uhr ⟶ 6:0 0 Uhr

b)   ...

c) 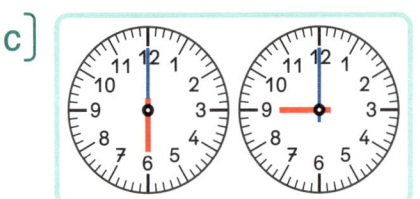   d)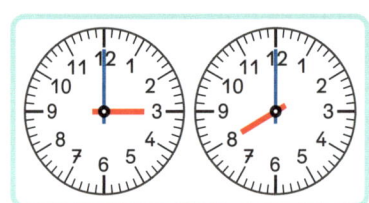

---

2 Lies ab, wie viele Minuten (min) vergangen sind.
Schreibe die Uhrzeiten für die erste Tageshälfte auf.

a) 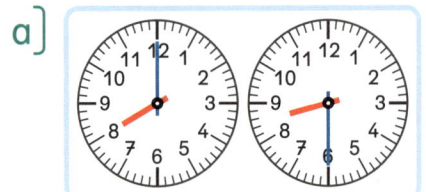   b)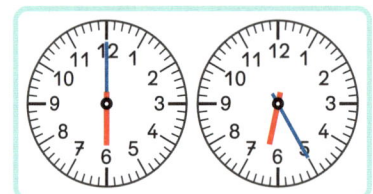

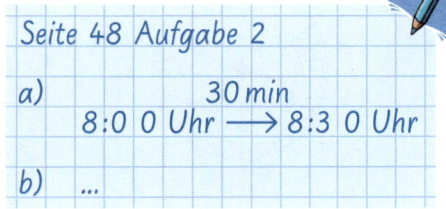

Seite 48 Aufgabe 2

a)   30 min
   8:0 0 Uhr ⟶ 8:3 0 Uhr

b)   ...

c)    d)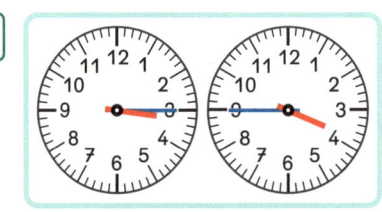

★ Zeitspannen in Stunden und Minuten ablesen, bestimmen und notieren

1 Bestimme die Uhrzeiten.
Lies die Uhrzeit für die erste Tageshälfte ab.

a) 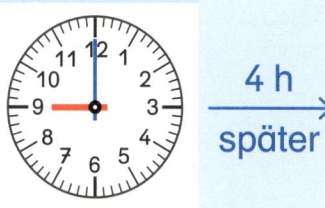 4 h später

b)  2 h später

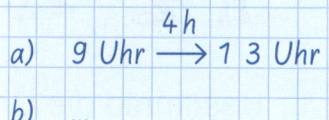
Seite 49 Aufgabe 1

$\qquad$ 4 h
a)   9 Uhr → 1 3 Uhr

b)   ...

c) 3 h früher

d) 4 h früher

e)  5 min später

f)  30 min später

g) 15 min früher

h) 20 min früher

2 Berechne die Uhrzeiten.

a) in 4 Stunden

b) vor 2 Stunden

c) in 30 Minuten

d) vor 30 Minuten

e) in 2 Stunden und 30 Minuten

f) vor 1 Stunde und 30 Minuten

Seite 49 Aufgabe 2

a)   ...

★ Anfangs- bzw. Endzeitpunkt zu angegebenen Zeitspannen bestimmen

In einer Stunde	**Vor** einer Stunde
8:00 Uhr $\xrightarrow{1\,h}$ 9:00 Uhr	8:00 Uhr $\xleftarrow{1\,h}$ 9:00 Uhr
Beginn — Ende	Beginn — Ende

1 Bestimme die Uhrzeiten.

 a)

In einer Stunde beginnt mein Fußball-Training.

b)

In zwei Stunden muss ich zu Hause sein.

Seite 50 Aufgabe 1
a)   1 4:0 0 Uhr $\xrightarrow{1h}$ 1 5:0 0 Uhr
b)   ...

 c)

Vor 30 Minuten war die Schule zu Ende.

d)

Vor drei Stunden sind wir losgefahren.

2 Schreibe auf, wie lange die Tätigkeiten dauern.

 a)

Mittagessen

Seite 50 Aufgabe 2
a)   ...

b)

Kindergeburtstag

★ zu bildlich dargestellten Alltagssituationen und vorgegebenen Zeitspannen Anfangs- bzw. Endzeitpunkte bestimmen ★ zu bildlich dargestellten Alltagssituationen und vorgegebenen Anfangs- und Endzeitpunkten Zeitspannen bestimmen

1 Berechne, wie lange die Kinder auf dem Spielplatz waren.

a)  Mai-Lin

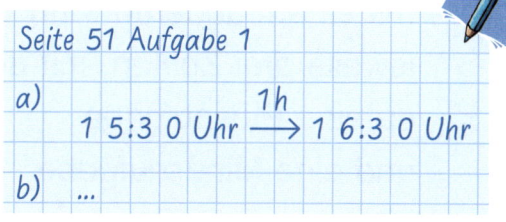
Seite 51 Aufgabe 1

a) $\xrightarrow{1h}$
1 5:3 0 Uhr $\longrightarrow$ 1 6:3 0 Uhr

b) ...

b)  Paul

c)  Lena

2 Vergleiche die Zeitdauern aus Aufgabe ①.
Ergänze die Sätze in deinem Heft.

a) ▇▇ war länger auf dem Spielplatz als ▇▇ .

b) ▇▇ war kürzer auf dem Spielplatz als ▇▇ .

c) ▇▇ war genauso lange auf dem Spielplatz wie ▇▇ .

Seite 51 Aufgabe 2

a) Mai-Lin war länger auf
    dem Spielplatz als ...

b) ...

3 Überprüfe, ob die Aussagen stimmen können.

a) Ich war gestern von 7 Uhr bis 17 Uhr
auf dem Spielplatz.

Seite 51 Aufgabe 3

a) ...

b) Ich war vorgestern von 16:00 Uhr
bis 16:30 Uhr auf dem Spielplatz.

c) Ich war am Sonntag von 0 Uhr bis 3 Uhr
auf dem Spielplatz.

4 Schreibe zu der Rechengeschichte (G)
die Rechnung (R) und die Antwort (A) auf.

Seite 51 Aufgabe 4

R: ...   A: ...

G: Tim geht um 15:10 Uhr auf den Spielplatz.
Er bleibt 1 Stunde und 20 Minuten.

F: Wann geht er wieder nach Hause?

★ Zeitdauer berechnen und vergleichen
★ Aussagen auf Plausibilität prüfen
★ Rechnung und Antwort zur Rechengeschichte finden

D 33

1 Bestimme alleine oder mit einem anderen Kind jeweils drei Zahlen, mit denen du eine Plusaufgabe und eine Minusaufgabe bilden kannst. Schreibe die Aufgaben auf.

2 Lies Aufgabe und Umkehraufgabe ab und löse sie.

a)
$$48 \xrightleftharpoons[-7]{+7} \blacksquare$$

b)
$$36 \xrightleftharpoons[-6]{+6} \blacksquare$$

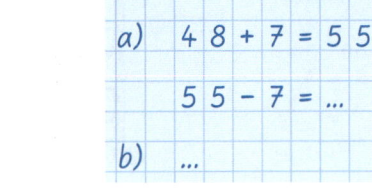

Seite 52 Aufgabe 2

a) 4 8 + 7 = 5 5

       5 5 − 7 = …

b) …

c)
$$69 \xrightleftharpoons[-3]{+3} \blacksquare$$

d)
$$81 \xrightleftharpoons[+4]{-4} \blacksquare$$

e)
$$58 \xrightleftharpoons[+9]{-9} \blacksquare$$

f)
$$75 \xrightleftharpoons[+7]{-7} \blacksquare$$

3 Löse die Aufgaben.
Kontrolliere die Ergebnisse mit der Umkehraufgabe.

a) 64 − 9 = ■
42 − 4 = ■
83 − 6 = ■

b) 27 + 5 = ■
84 + 8 = ■
43 + 9 = ■

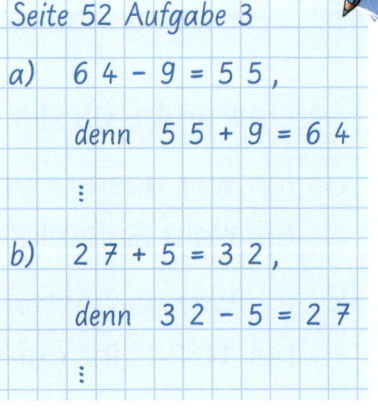

Seite 52 Aufgabe 3

a) 6 4 − 9 = 5 5,

       denn 5 5 + 9 = 6 4

       ⋮

b) 2 7 + 5 = 3 2,

       denn 3 2 − 5 = 2 7

       ⋮

4 Kontrolliere die Aufgaben.
Rechne dazu die Umkehraufgaben. Schreibe die vier falschen Aufgaben mit richtigem Ergebnis auf.

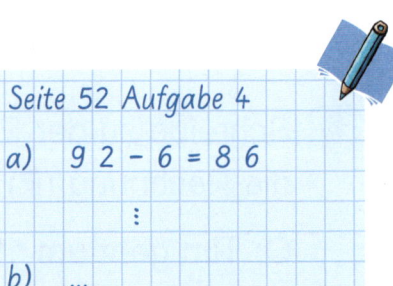

Seite 52 Aufgabe 4

a) 9 2 − 6 = 8 6

       ⋮

b) …

a) 92 − 6 = 98
58 − 9 = 49
64 − 7 = 56

b) 45 + 6 = 51
59 + 8 = 68
37 + 4 = 42

★ Umkehraufgaben bilden, ablesen und notieren ★ Umkehraufgaben bilden und als Lösungskontrolle verwenden ★ Aufgaben mithilfe der Umkehraufgaben kontrollieren und Fehler finden ★ SF: den Begriff „Umkehraufgabe" verwenden

1 Löse die Aufgaben. Kontrolliere die Ergebnisse.
Die Lösungszahlen findest du in den Sternen.

a)
39 + 4 = ⬛
75 + 7 = 🟨
52 + 9 = 🟨
34 + 8 = 🟨
67 + 4 = 🟨

b)
94 – 7 = 🟨
62 – 3 = 🟨
76 – 8 = 🟨
81 – 4 = 🟨
22 – 5 = 🟨

⭐ 17 ⭐ 42 ⭐ 43 ⭐ 59 ⭐ 61 ⭐ 68 ⭐ 71 ⭐ 77 ⭐ 82 ⭐ 87

c)
26 + 5 + 8 = 🟨
75 + 8 + 9 = 🟨
50 + 5 + 6 = 🟨
47 + 7 + 8 = 🟨
58 + 9 + 6 = 🟨

d)
72 – 5 – 7 = 🟨
83 – 7 – 8 = 🟨
91 – 8 – 5 = 🟨
42 – 4 – 8 = 🟨
38 – 6 – 5 = 🟨

⭐ 27 ⭐ 30 ⭐ 39 ⭐ 60 ⭐ 61 ⭐ 62 ⭐ 68 ⭐ 73 ⭐ 78 ⭐ 92

Seite 53 Aufgabe 1
a) 3 9 + 4 = 4 3
          ⋮
b) ...

2 Löse die Aufgaben.

a)
47 + ⬛ = 53
65 + 🟨 = 74
39 + 🟨 = 43
86 + 🟨 = 91
58 + 🟨 = 64

b)
52 – 🟨 = 48
93 – 🟨 = 85
71 – 🟨 = 66
26 – 🟨 = 17
84 – 🟨 = 77

Seite 53 Aufgabe 2
a) 4 7 + 6 = 5 3
          ⋮
b) ...

3 Übertrage die Tabellen in dein Heft. Fülle sie aus.

a)

+	8	6	7
48	⬛	🟨	🟨
76	🟨	🟨	🟨

b)

–	4	8	5
61	🟨	🟨	🟨
93	🟨	🟨	🟨

c)

+	🟩	4	🟩
27	32	🟨	36
59	🟨	🟨	🟨

d)

–	9	🟩	7
🟩	23	🟨	🟨
42	🟨	36	🟨

Seite 53 Aufgabe 3

+	8	6	7
4 8	5 6	...	...
7 6	...	...	...

b) ...

★ Plus- und Minusaufgaben mit Zehnerüberschreitung lösen und Ergebnisse überprüfen
★ Plus- und Minusaufgaben mit drei Zahlen lösen ★ Ergänzungsaufgaben lösen
★ Plus- und Minusaufgaben sowie Ergänzungsaufgaben in Tabellen lösen

 ÜH 26   AH 31  **53**

1 Rechne und kontrolliere
mit der Umkehraufgabe.

a) $25 + 7 = $ ■
$58 + 6 = $ ■
$37 + 8 = $ ■
$49 + 4 = $ ■
$76 + 5 = $ ■

b) $32 - 6 = $ ■
$51 - 8 = $ ■
$94 - 9 = $ ■
$63 - 5 = $ ■
$48 - 9 = $ ■

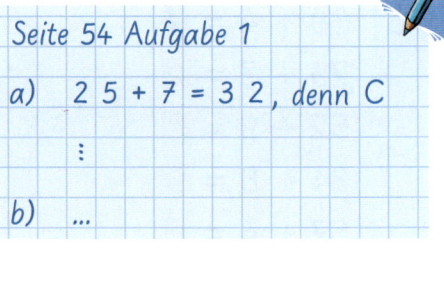

Seite 54 Aufgabe 1
a) $2\ 5 + 7 = 3\ 2$, denn C
  ⋮
b) ...

A $58 + 5 = 63$ B $81 - 5 = 76$

C $32 - 7 = 25$ D $39 + 9 = 48$

E $53 - 4 = 49$ F $26 + 6 = 32$

G $45 - 8 = 37$ H $43 + 8 = 51$

I $64 - 6 = 58$ J $85 + 9 = 94$

2 Löse die Aufgaben.
Kontrolliere die Ergebnisse
mit der Umkehraufgabe.

a) $62 - 8 = $ ■
$34 - 5 = $ ■
$93 - 7 = $ ■

b) $64 + 8 = $ ■
$57 + 6 = $ ■
$78 + 9 = $ ■

Seite 54 Aufgabe 2
a) $6\ 2 - 8 = 5\ 4$,
  denn $5\ 4 + 8 = 6\ 2$
  ⋮
b) $6\ 4 + 8 = 7\ 2$,
  denn $7\ 2 - 8 = 6\ 4$
  ⋮

3 Löse die Aufgaben. Ordne sie passend zu.

44   45   47

$49 - 4$ $39 + 8$ $38 + 6$ $37 + 8$

$51 - 7$ $43 + 4$ $51 - 4$ $36 + 9$

$53 - 9$ $53 - 6$ $51 - 6$ $35 + 9$

Seite 54 Aufgabe 3
4 4   4 5   ...
$3\ 8 + 6$ ⋮
  ⋮

★ Plus- und Minusaufgaben mit Zehnerüberschreitung lösen und Ergebnisse mithilfe
der Umkehraufgabe überprüfen
★ Plus- und Minusaufgaben lösen und passend einordnen

$35 + 6 = 41$ $53 + 6 = 59$ $63 + 5 = 68$

$36 + 5 = 41$ $56 + 3 = 59$ $65 + 3 = 68$

$35 - 6 = 29$ $53 - 6 =$

$36 - 5 = 31$

Rechne auch die Minusaufgaben.

1 Würfle mit drei Würfeln. Bilde mehrere Aufgaben nach dem vorgegebenen Muster und löse sie. Jedes Kästchen steht für eine gewürfelte Ziffer.

Seite 55 Aufgabe 1

a) ...

a) ▮▮ + ▮ = ▮▮   b) ▮▮ + ▮ = ▮▮   c) ▮▮ + ▮ = ▮▮

2 Finde Ziffern von Würfelergebnissen und stelle jeweils verschiedene Aufgaben zusammen.

Seite 55 Aufgabe 2

a) ...

a) ▮▮ + ▮ = 41   b) ▮▮ + ▮ = 52   c) ▮▮ + ▮ = 37

d) ▮▮ − ▮ = 48   e) ▮▮ − ▮ = 21   f) ▮▮ − ▮ = 50

3 Welche Ziffern müsstest du würfeln, um …

Seite 55 Aufgabe 3

a) ...

a) … das kleinstmögliche Ergebnis zu erhalten?

▮▮ − ▮ = ▮▮

b) … das größtmögliche Ergebnis zu erhalten?

▮▮ + ▮ = ▮▮

4  Wähle immer drei passende Würfel aus. Schreibe passende Ziffern auf.

Seite 55 Aufgabe 4

a) ...

a) ▮▮ + ▮ = 58   b) ▮▮ + ▮ = 51   c) ▮▮ + ▮ = 30

▮▮ + ▮ = 58   ▮▮ + ▮ = 51   ▮▮ + ▮ = 30

d) Besprich mit einem anderen Kind, warum das Ergebnis immer gleich ist.

✶ mit Würfeln nach unterschiedlichen Vorgaben Aufgaben zusammenstellen und lösen
✶ SF: Strukturen von Aufgabenpaaren erkennen und beschreiben

55

1 Übertrage die Zahlenmauern in dein Heft.
Ergänze die fehlenden Zahlen.

a]  b]  c]

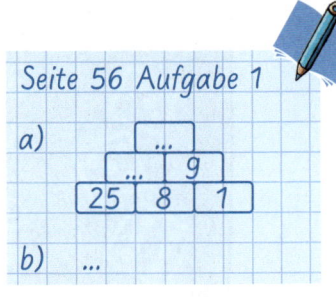
Seite 56 Aufgabe 1
a)
... | 9
25 | 8 | 1
b) ...

2 Zeichne die Zahlenmauern in dein Heft.
Setze die Zahlen passend ein.
Es bleibt keine Zahl übrig.

a]

16 | 7 | 18
8 | 23 | 26

b]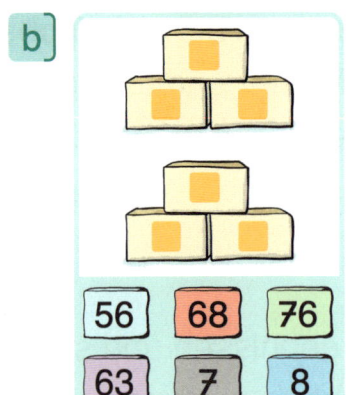

56 | 68 | 76
63 | 7 | 8

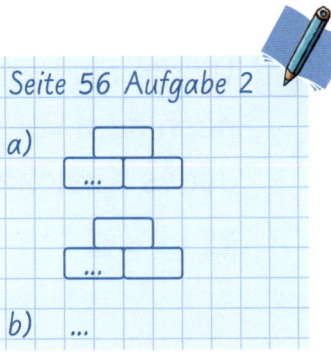
Seite 56 Aufgabe 2
a)
...
...
b) ...

3 Zeichne die Zahlenmauern in dein Heft.
Setze die Zahlen passend ein.

a]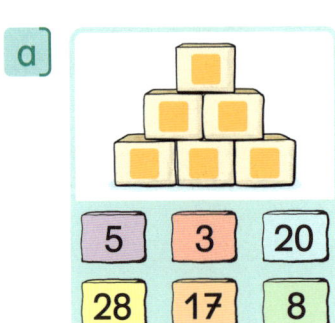

5 | 3 | 20
28 | 17 | 8

b]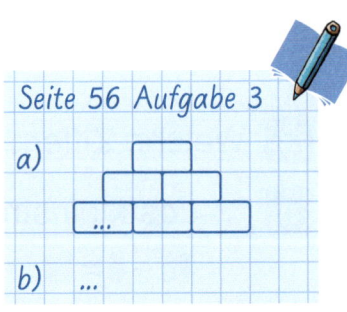

37 | 32 | 43
1 | 5 | 6

Seite 56 Aufgabe 3
a)
...
b) ...

4 Zeichne die Zahlenmauern in dein Heft.
Setze Zahlen passend ein.
Einige Zahlen bleiben übrig.

1 | 7 | 59 | 2 | 66
3 | 3 | 54 | 4 | 56

Seite 56 Aufgabe 4
a) ...

  AH 32  D 36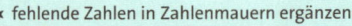

* fehlende Zahlen in Zahlenmauern ergänzen
* vorgegebene Zahlen passend in Zahlenmauern einsetzen

1 Übertrage die Zahlenmauer in dein Heft und ergänze die fehlenden Zahlen.

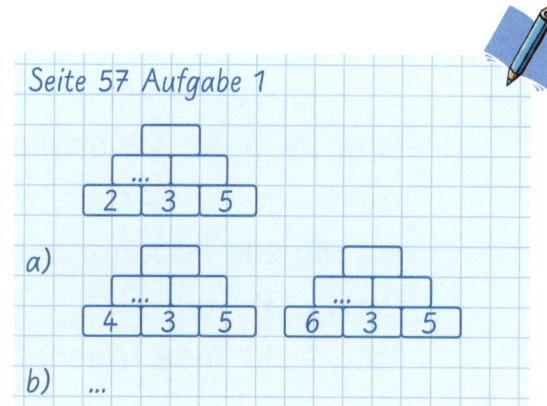

a Zeichne zwei weitere Zahlenmauern. Erhöhe bei beiden Zahlenmauern den linken Basisstein jeweils um 2. Was fällt dir auf?

b Zeichne zwei weitere Zahlenmauern. Erhöhe bei beiden Zahlenmauern den mittleren Basisstein jeweils um 2. Was fällt dir auf?

2 Besprich deine Entdeckungen aus Aufgabe **1** mit einem anderen Kind.

3 Baue Zahlenmauern aus den Basissteinen 1 2 3 4 , sodass …

a … die Zahl im Zielstein möglichst groß ist.

b … die Zahl im Zielstein möglichst klein ist.

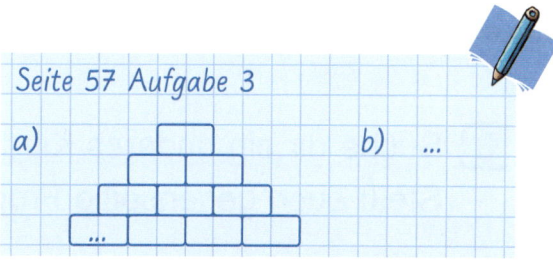

4 Zeichne die Zahlenmauern von Tim und Lea.

Im Zielstein 80 – drei gleiche Basissteine

In den Basissteinen nur Zehnerzahlen – im Zielstein 90

★ **SF**: Zahlenmauern nach Vorgaben verändern und Auswirkungen auf den Zielstein untersuchen und beschreiben ★ Zahlenmauern nach Vorgaben erstellen

57

Ein **Jahr** hat **12 Monate**.
Die Monate haben 31, 30
oder 28 Tage. Mit deinen Fäusten
kannst du dir merken, wie viele Tage
die Monate haben:
Berg – 31 Tage
Tal   – 30 Tage (Ausnahme: Februar).

Januar (1. Monat)		**Februar** (2. Monat)		**März** (3. Monat)	
Mo	03 10 17 24 31	Mo	07 14 21 28	Mo	07 14 21 28
Di	04 11 18 25	Di	01 08 15 22	Di	01 08 15 22 29
Mi	05 12 19 26	Mi	02 09 16 23	Mi	02 09 16 23 30
Do	06 13 20 27	Do	03 10 17 24	Do	03 10 17 24 31
Fr	07 14 21 28	Fr	04 11 18 25	Fr	04 11 18 25
Sa	01 08 15 22 29	Sa	05 12 19 26	Sa	05 12 19 26
So	02 09 16 23 30	So	06 13 20 27	So	06 13 20 27

Juli (7. Monat)		**August** (8. Monat)		**September** (9. Monat)	
Mo	04 11 18 25	Mo	01 08 15 22 29	Mo	05 12 19 26
Di	05 12 19 26	Di	02 09 16 23 30	Di	06 13 20 27
Mi	06 13 20 27	Mi	03 10 17 24 31	Mi	07 14 21 28
Do	07 14 21 28	Do	04 11 18 25	Do	01 08 15 22 29
Fr	01 08 15 22 29	Fr	05 12 19 26	Fr	02 09 16 23 30
Sa	02 09 16 23 30	Sa	06 13 20 27	Sa	03 10 17 24
So	03 10 17 24 31	So	07 14 21 28	So	04 11 18 25

Der Februar hat nur 28 und in jedem vierten Jahr 29 Tage. Dieses vierte Jahr nennt man Schaltjahr.

| 31 | 28 | 31 | 30 | 31 | 30 | 31 | | 31 | 30 | 31 | 30 | 31 |
| Januar | Februar | März | April | Mai | Juni | Juli | | August | September | Oktober | November | Dezember |

1 Lies die Reihenfolge der Monate am Kalender ab.
Schreibe die Monatsnamen in der richtigen
Reihenfolge auf.

Seite 58 Aufgabe 1
Januar, Februar, ...

2 Unterstreiche bei Aufgabe **1** alle Monate
mit 31 Tagen rot, alle Monate mit 30 Tagen gelb.

3 Suche dir ein anderes Kind.
Stellt euch gegenseitig Fragen zum Kalender.

Wie heißen die Nachbarmonate vom Mai?

Wie viele Tage hat der April?

Wie heißen die Monate mit 30 Tagen?

...

Wie heißen die Nachbarmonate vom Mai?

April und Juni

✶ Reihenfolge der Monate am Kalender ablesen ✶ die Dauer der Monate anhand der
Knöchelregel bestimmen ✶ die Anzahl der Tage im Februar als Ausnahme kennenlernen
✶ SF: Fragen rund um den Kalender beantworten; den Begriff „Schaltjahr" kennenlernen

April (4. Monat)		Mai (5. Monat)		Juni (6. Monat)	
Mo	04 11 18 25	Mo	02 09 16 23 30	Mo	06 13 20 27
Di	05 12 19 26	Di	03 10 17 24 31	Di	07 14 21 28
Mi	06 13 20 27	Mi	04 11 18 25	Mi	01 08 15 22 29
Do	07 14 21 28	Do	05 12 19 26	Do	02 09 16 23 30
Fr	01 08 15 22 29	Fr	06 13 20 27	Fr	03 10 17 24
Sa	02 09 16 23 30	Sa	07 14 21 28	Sa	04 11 18 25
So	03 10 17 24	So	01 08 15 22 29	So	05 12 19 26

Oktober (10. Monat)		November (11. Monat)		Dezember (12. Monat)	
Mo	03 10 17 24 31	Mo	07 14 21 28	Mo	05 12 19 26
Di	04 11 18 25	Di	01 08 15 22 29	Di	06 13 20 27
Mi	05 12 19 26	Mi	02 09 16 23 30	Mi	07 14 21 28
Do	06 13 20 27	Do	03 10 17 24	Do	01 08 15 22 29
Fr	07 14 21 28	Fr	04 11 18 25	Fr	02 09 16 23 30
Sa	01 08 15 22 29	Sa	05 12 19 26	Sa	03 10 17 24 31
So	02 09 16 23 30	So	06 13 20 27	So	04 11 18 25

Eine **Woche** hat **7 Tage**.

Die **Wochentage** haben Namen:

Montag, Dienstag, Mittwoch, Donnerstag, Freitag, Samstag, Sonntag.

1   Im Kalender findest du die Namen der Wochentage als Abkürzungen. Schreibe zu jeder Abkürzung den Wochentag.

Mo.   Di.   Mi.   Do.   Fr.   Sa.   So.

> Seite 59 Aufgabe 1
>
> Mo.: ...
>
> ⋮

2   Schreibe das Datum mit Zahlen auf.

a] 26. Januar
  28. August
  15. März
  18. Februar
  15. September

b] 12. Juni
  25. April
  20. Juli
  18. Dezember
  13. November

> Seite 59 Aufgabe 2
>
> a)   26.1.
>
>   ⋮
>
> b)   ...

3   Schreibe den Monatsnamen als Wort.

a] 17.5.
  6.7.
  14.2.

b] 21.11.
  13. 4.
  23.10.

> Seite 59 Aufgabe 3
>
> a)   17. Mai
>
>   ⋮
>
> b)   ...

4   Vervollständige die Sätze im Heft.

a] Heute ist ▬.

b] Morgen ist ▬.

c] Gestern war ▬.

d] Übermorgen ist ▬.

e] Vorgestern war ▬.

15. Januar Sonntag

> Seite 59 Aufgabe 4
>
> a)   Sonntag, der 15. Januar
>
> b)   ...

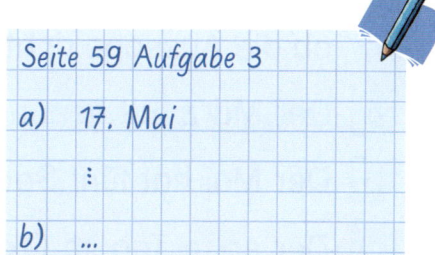

★ SF: zu Abkürzungen im Kalender die Wochentage finden und benennen
★ das Datum in Zahlen und Worten notieren
★ zu unterschiedlichen Zeitangaben das passende Datum finden

1 Löse die Rätsel zu den Wochentagen und Monaten.

A Nach mir kommt der Donnerstag.

B Ich bin der 10. Monat.

C Vor mir kommt der Sonntag.

D Nach mir kommt der Juli.

E In manchen Jahren bin ich einen Tag länger.

F Ich habe den kürzesten Monatsnamen.

G Der Monat vor mir hat genauso viele Tage wie ich.

H Ich bin der Tag zwischen Freitag und Sonntag.

Seite 60 Aufgabe 1

A: Mittwoch

B: ...

2 Betrachtet verschiedene aktuelle Kalender.
Sucht den Wochentag und das Datum für folgende Tage:

a Muttertag

b Tag der Arbeit

c Heiliger Abend

d Rosenmontag

e Ostersonntag

f Nikolaustag

Seite 60 Aufgabe 2

a)   Sonntag, ...

b)   ...

3 Prüft mithilfe eines aktuellen Kalenders,
ob die Aussage richtig oder falsch ist.

a Der März hat genauso viele Tage wie der Mai.

b Der Mai hat fünf Samstage.

c Der erste Tag im Oktober ist ein Montag.

d Der September hat vier Montage.

e Der 8. August ist ein Mittwoch.

f Der 25. Dezember ist ein Feiertag.

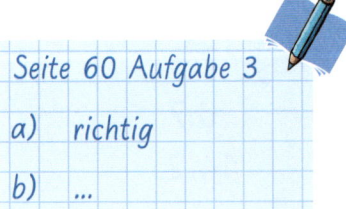

Seite 60 Aufgabe 3

a)   richtig

b)   ...

4 Nimm einen aktuellen Kalender.
Bestimme, wie lange es bis zu deinem Geburtstag
oder zu den nächsten Ferien dauert.

Seite 60 Aufgabe 4

...

★ Rätsel zu Monatsnamen und Wochentagen lösen ★ MK: besondere Tage im Kalender
finden und das Datum notieren ★ MK: mithilfe eines Kalenders Aussagen überprüfen
★ Zeitspanne bis zu einem persönlich bedeutsamen Tag ermitteln

1 Übertrage die Zeitangaben in Monate.

a) 1 Jahr

    1 Jahr 4 Monate

    1 Jahr 6 Monate

b) 2 Jahre

    2 Jahre 3 Monate

    2 Jahre 9 Monate

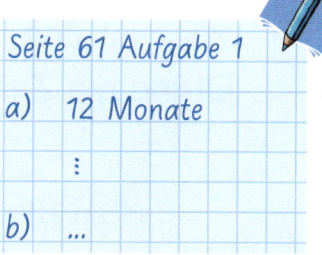

Seite 61 Aufgabe 1

a)   12 Monate

    ⋮

b) ...

2 Übertrage die Zeitangaben in Tage.

a) 1 Woche

    2 Wochen

    3 Wochen

b) 1 Woche 2 Tage

    1 Woche 5 Tage

    2 Wochen 6 Tage

Seite 61 Aufgabe 2

a) 7 Tage

    ⋮

b) ...

3 Übertrage die Zeitangaben in Wochen und Tage oder in Jahre und Monate.

a) 13 Tage

    16 Tage

     9 Tage

b) 14 Monate

    27 Monate

    18 Monate

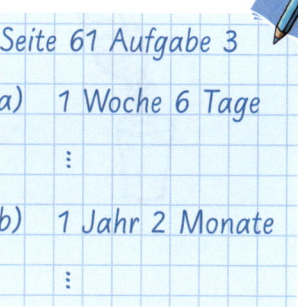

Seite 61 Aufgabe 3

a) 1 Woche 6 Tage

    ⋮

b) 1 Jahr 2 Monate

    ⋮

4 Schreibe die Zeitangabe auf, die am längsten dauert.

a) 2 Wochen, 15 Tage, 1 Woche 6 Tage

b) 22 Tage, 3 Wochen, 2 Wochen 5 Tage

c) 1 Jahr, 1 Jahr 5 Monate, 18 Monate

d) 20 Monate, 2 Jahre, 1 Jahr 11 Monate

Seite 61 Aufgabe 4

a) 15 Tage

b) ...

5 Ergänze die Antworten in deinem Heft.

a) Lenas keiner Bruder ist 1 Jahr und 5 Monate alt.
Tims Bruder ist 16 Monate alt.

   F: Wer ist älter?

Seite 61 Aufgabe 5

a) A: ...

b) ...

b) Lisa ist 3 Wochen und 3 Tage im Urlaub.
Die Hälfte der Zeit ist ihre Freundin Maja dabei.

   F: Wie viele Tage sind sie zusammen im Urlaub?

★ Zeitangaben in andere Einheiten umwandeln
★ Zeitangaben vergleichen
★ Sachaufgaben mit Zeitangaben lösen

1 Wie viel Zeit ist vergangen?
Ordne die Zeitangaben den Bildern zu.

Seite 62 Aufgabe 1
a) einige Sekunden
b) ...

ein Tag einige Sekunden

einige Minuten mehrere Jahre

mehrere Monate einige Stunden

einige Tage genau eine Woche

D 39

* verschiedenen Zeitspannen aus der Erfahrungswelt der Kinder geeignete Fachbegriffe /
Zeiteinheiten zuordnen (Sekunde, Minute, Stunde, Tag, Woche, Monat, Jahr)

Themenheft 2

⭐ Addition und Subtraktion von Einern
⭐ Sachaufgaben Teil 2 ⭐ Körper ⭐ Zeit

Erarbeitet von: Roland Bauer und Jutta Maurach

Redaktion: Sophie Arndt, Agnetha Heidtmann, Friederike Thomas

Illustration: Yo Rühmer

Umschlaggestaltung: Cornelia Gründer, agentur corngreen, Leipzig

Layout und technische Umsetzung: lernsatz.de

Begleitmaterialien für Lernende der zweiten Klasse

Einstern 2 Paket Leihmaterial	978-3-06-084773-0	Übungssternchen	978-3-06-084732-7
Einstern 2 Paket Verbrauchsmaterial	978-3-06-084735-8	BigBook	978-3-06-084796-9
Einstern 2 *leicht gemacht* Paket		BuchTaucher-App	978-3-06-084762-4
Verbrauchsmaterial	978-3-06-084741-9	Interaktive Übungen	978-3-06-084767-9
Arbeitsheft	978-3-06-084758-7	GrundschulTrainer-App	978-3-06-084449-4

 scook Deine **interaktiven Gratis-Übungen** findest du hier:

1. Gehe auf scook.de.
2. Gib den unten stehenden Zugangscode in die Box ein.
3. Hab viel Spaß mit deinen Gratis-Übungen.

Dein Zugangscode auf
www.scook.de | fgocr-n465g

www.cornelsen.de

1. Auflage, 1. Druck 2021

Alle Drucke dieser Auflage sind inhaltlich unverändert
und können im Unterricht nebeneinander verwendet werden.

© 2021 Cornelsen Verlag GmbH, Berlin

Druck: Athesiadruck GmbH

ISBN 978-3-06-084775-4
ISBN 978-3-06-084778-5 (Themenhefte 1–4 und Diagnose-Sternchen als E-Book)

PEFC zertifiziert
Dieses Produkt stammt aus nachhaltig bewirtschafteten Wäldern und kontrollierten Quellen.
www.pefc.de
PEFC/18-31-166

Vorschläge für Plenumsphasen zum vertiefenden Erwerb prozessbezogener Kompetenzen

S. 5/8/21/35 Kinder beschreiben ihr Vorgehen beim Legen, Zeichnen und Rechnen der Aufgaben

S. 7/10/23/37 Kinder beschreiben Zusammenhänge bei Analogieaufgaben und ihre Anwendung als Lösungshilfe

S. 19 Kinder stellen ihre zu vorgegebenen Rechnungen, Fragen und Antworten formulierten Rechengeschichten vor, diese werden durch gemeinsam gefundene Lösungen überprüft

S. 27/41 Kinder stellen aufgabenbezogen unterschiedlich gewählte Rechenwege und ihre Notationsformen vor und begründen ihr Vorgehen; mithilfe der Sprachvorbilder benennen sie Kriterien guter Beschreibungen der Rechenwege (S. 27 →BigBook: Seite 14; S. 41 →BigBook: Seite 18)

S. 28 Kinder gestalten eine Ausstellung mit Alltagsgegenständen; sie ordnen diese den entsprechenden Körperformen zu und begründen ihre Zuordnung

S. 29 Kinder stellen ihre Rätsel zu geometrischen Körpern gegenseitig in der Klasse vor und lösen sie

S. 31 Kinder ordnen Alltagsgegenstände an und beschreiben die Anordnung von vorne, von hinten, von links und von rechts; sie bauen verschiedene Bauwerke aus geometrischen Körpern und beschreiben diese ebenfalls von vorne, von hinten, von links und von rechts (→BigBook: Seite 16)

S. 32 Kinder beschreiben den Zusammenhang zwischen Würfelbauten und ihren Bauplänen

S. 42 Kinder beschreiben verschiedene Möglichkeiten der Zeitmessung, ihre jeweiligen Anwendungsbereiche sowie die Vor- und Nachteile einzelner Messinstrumente

S. 45 Kinder beschreiben Unterschiede und Gemeinsamkeiten von analogen und digitalen Uhren

S. 50 Kinder finden Repräsentanten für unterschiedliche Zeitspannen (→BigBook: Seite 20)

S. 57 Kinder stellen ihre Entdeckungen hinsichtlich der Auswirkung von Veränderungen bei den Basissteinen auf den Zielstein vor

Vorschläge für die Förderung von Medienkompetenz

S. 19 Kinder erstellen eine (digitale) Sammlung/ein Buch mit den von den Kindern selbst verfassten Rechengeschichten. Dieses Projekt kann im Laufe des Schuljahres fortgeführt werden oder in anderen Themenbereichen wiederholt werden.

S. 29 Kinder legen eine (digitale) Sammlung mit Rätseln zu geometrischen Körpern an

S. 30 Kinder erkunden digitale Zeichenprogramme und prüfen, ob sie mit ihnen auch Körper zeichnen können

S. 32 Kinder recherchieren im Internet nach Möglichkeiten, Würfelbauten am PC zu erstellen und nutzen diese Tools

S. 42 Kinder gestalten eine Ausstellung mit unterschiedlichen realen sowie abgebildeten (Zeichnungen, Fotos, Ausschnitte aus Zeitschriften/Prospekten, ...) Zeitmessinstrumenten

S. 53 Kinder erstellen erste einfache Rechentabellen am PC und füllen sie aus

S. 58 Kinder recherchieren im Internet und erkunden, was ein Schaltjahr ist; Kinder recherchieren im Internet und ordnen die Monate den Jahreszeiten zu

S. 59 Kinder gestalten eine Ausstellung mit unterschiedlichen Kalendern und untersuchen diese hinsichtlich ihrer Verwendung und den enthaltenen Informationen

Synopse zu den Medienkompetenzbereichen

Suchen, Verarbeiten und Aufbewahren	S. 19, 29, 58, 60
Produzieren und Präsentieren	S. 19, 28, 42, 59
Problemlösen und Handeln	S. 4, 6, 9, 12, 13, 22, 28, 30, 32, 36, 42, 53